Emmanuel Lévinas:
Ensaio e Entrevistas

Coleção Debates
Dirigida por J. Guinsburg

Equipe de realização – Tradução: J. Guinsburg, Marcio Honorio de Godoy e Thiago Blumenthal; Edição de texto: Marcio Honorio de Godoy; Revisão: Lilian Miyoko Kumai e Bárbara Borges; Produção: Ricardo W. Neves, Sergio Kon e Raquel Fernandes Abranches.

françois poirié
EMMANUEL LÉVINAS: ENSAIO E ENTREVISTAS

Título do original em francês:
Emmanuel Lévinas: essai et entretiens

© François Poirié, 2007.

Dados Internacionais de Catalogação na Publicação (CIP)
(Câmara Brasileira do Livro, SP, Brasil)

Poirié, François, 1962- .
    Emmanuel Lévinas : ensaio e entrevistas / François Poirié;
[tradução J. Guinsburg, Marcio Honorio de Godoy e Thiago
Blumenthal]. – São Paulo : Perspectiva, 2007. – (Debates ;
309 / dirigida por J. Guinsburg)

    Título original: Emmanuel Lévinas : essai et entretiens
    Bibliografia.
    ISBN 978-85-273-0802-1

    1. Filósofos judeus – França   2. Levinas, Emmanuel,
1906-1995 3. Lévinas, Emmanuel, 1906-1995 – Crítica e
interpretação I. Guinsburg, J. II. Título. III. Série.

07-8486   CDD-194

Índices para catálogo sistemático:
1. Filosofia francesa   194
2. Levinas, Emmanuel : Obras filosóficas   194

Direitos reservados em língua portuguesa à

EDITORA PERSPECTIVA S.A.

Av. Brigadeiro Luís Antônio, 3025
01401-000 São Paulo SP Brasil
Telefax: (11) 3885-8388
www.editoraperspectiva.com.br

2007

SUMÁRIO

Introdução 9

1. Nascimento do Sujeito 15

    Subjetividade e *há* (*il y a*) 16
    … Na Proximidade de Outrem..........................21
    O Para-com-o-Outro...28
    A Morte 32

2. "Sou Todo Teu" 37

    A Responsabilidade: Uma Assimetria
    Fundamental 38
    A Bondade...41
    O Amor, a Solidão..43
    A Justiça..46

3. Moral da Filosofia 49

4. Entrevistas 51

TEXTOS DE EMMANUEL LÉVINAS

5. A Consciência Não-Intencional 135
    O Método 135
    Fenomenologia e Saber 137
    A Má Consciência e o Inexorável.....................140

6. Henri Nerson 149

Cronologia...153
Bibliografia 157

INTRODUÇÃO

No início dessa introdução, há o desejo de corrigir, na medida do possível, duas "idéias recebidas" que levam a classificar apressadamente – na "biblioteca filosófica universal" – a obra de Emmanuel Lévinas nas alturas, mas um pouco à parte, em sombra: por um lado, a idéia de que Lévinas seria um autor inacessível, destinado exclusivamente a especialistas (a filosofia então considerada como uma "especialidade", com tudo o que isso sugere de exotismo ou mesmo vaidade); por outro, temos a apresentação corrente de Emmanuel Lévinas como sendo um "pensador judeu" (essa definição, ao pé da letra, nada quer dizer – ou tudo, mas nesse momento as palavras são demasiadamente pobres para a realidade a qual desejariam designar).

Como responder a essas exigências de outro modo senão falando do interior de sua obra, apresentando Emmanuel Lévinas por seu pensamento e por seus livros, recusando o anedótico e o "simples" para dar preferência em seu lugar à "altura" de atenção e de leitura, que esta obra, mais que qualquer outra, requer. Seria vão, por uma facilidade crítica, pretender iluminar essa obra – ela é sua própria luz –, simplificar sua complexidade – o que seria amputar sua lógica –, ou ainda traduzir para uma outra linguagem esse pensamento que se recusa de pronto à toda redução abusiva. Lévinas é um filósofo. Portanto, deve ser lido como tal, comentado, "refletido".

"Um pensamento filosófico repousa em experiências pré-filosóficas", diz Lévinas. No que lhe concerne, essas experiências foram de três ordens, de diferentes intensidades: literária, espiritual e histórica.

Literária: desde cedo, suas leituras apaixonadas dos autores russos, especialmente Dostoiévski. O questionamento metafísico que atravessa os grandes romances dostoievskianos devia impressionar o jovem Lévinas e constituir sua primeira iniciação filosófica.

Espiritual: a leitura da *Bíblia*, quando adolescente, fez nascer nele uma curiosidade espiritual que será reavivada com acuidade – sem, contudo, jamais ter desaparecido – pelo encontro, nos anos imediatos ao pós-guerra, com M. Chouchani, eminente mestre talmudista.

Histórico: a emigração, pela Rússia, e depois para a França. E desde a década de 1930, o pressentimento do hitlerismo e de um "fim do mundo" inelutável.

Tais são, grosseiramente resumidas – mas Lévinas se lhes refere longamente nas entrevistas que se seguem –, tais são essas "experiências" que fazem de Emmanuel Lévinas um pensador na encruzilhada de caminhos divergentes, à primeira vez, que conduz sua reflexão, estudando ao mesmo tempo Husserl e Heidegger, comentando os textos talmúdicos e vivendo intensamente, no cotidiano, eu diria, as interrogações filosóficas e religiosas, éticas e metafísicas.

De há muito Emmanuel Lévinas é admirado por um pequeno número. Desde seu primeiro livro, *Théorie de l'intuition dans la phénoménologie de Husserl* (Teoria da Intuição na Fenomenologia de Husserl), ele é notado e

10

saudado como "uma esperança da filosofia". Mais tarde, Sartre reconhecerá a importância dessa obra para sua própria descoberta de Husserl. Mas, até um período recente, é essencialmente um público advertido que o segue, com fervor e tenacidade, seja pelos livros de filosofia ou por aqueles mais especificamente consagrados ao judaísmo. Ora, desde alguns anos, Lévinas é unanimemente reconhecido, e sua obra largamente divulgada. Seus livros saem em coleções de bolso, jovens autores escrevem ensaios a partir de suas idéias, ele é traduzido no Japão, nos Estados Unidos, no México e em todos os países da Europa.

Por que tamanho embevecimento? Talvez porque a época seja mais moral do que política. Talvez também porque hoje um filósofo que fala de Deus e de espiritualidade não seja mais banido do rol dos pensadores "sérios", correndo o risco, aliás, de gerar um importuno amálgama entre o retorno atual a um passo religioso, muito constrangedor no Ocidente e fanático no Oriente Médio, e a moral de Lévinas, na qual o homem é votado, até por sua humanidade e *a despeito dele próprio*, à responsabilidade por outrem quem quer que ele seja.

Mas, sobretudo, creio que a admiração suscitada por Lévinas venha principalmente da profunda originalidade de sua *démarche*. Jamais um filósofo havia refletido com tanta vigilância e com tanta exigência, para retomar as palavras que emprega Maurice Blanchot a seu propósito, sobre essas evidências que nos transpõem cotidiana e subterraneamente. Não é ele quem escreve, por exemplo: "A relação com o outro é uma relação com um mistério", ou ainda: "A morte é a impossibilidade de ter um projeto"? E – sem dúvida é isso que faz toda a força desse pensamento – sob a sedução desses temas, o leitor se depara com a maior coerência conceitual e com o maior rigor teórico.

Também atesta essa originalidade o itinerário filosófico de Lévinas, igualmente muito pessoal. Interessado por Husserl e por sua reflexão sobre a psicologia fenomenológica e a constituição da intersubjetividade, Lévinas parte, em 1928, para Friburgo-Brisgau a fim de seguir o ensinamento do mestre. Lá, quase por acaso, ele encontra Heidegger. O homem e a obra. Um deslumbramento. A interrogação heideggeriana sobre o ser e seus fundamentos será decisiva para esse jovem estudante de filosofia nutrido por uma cultura judaica cujos valores éticos são primordiais, e cujo sentimento de eleição obriga a preocupar-se com o outro e a respeitá-lo como tal, como "outro", estranho e incognoscível. Doravante, Lévinas situará todo o seu trabalho na fronteira da ética e da metafísica, lá onde, para retomar seu vocabulário, o homem está em busca do humano. Voltando à França, publica sua tese de doutorado, *Teoria da Intuição na Fenomenologia de Husserl*, e dá início a toda uma série de livros de filosofia geral, o que lhe permitirá pouco a pouco tomar distância em relação a seus "mestres de pensamento", que ele conhece e analisa melhor, e forjar uma filosofia que lhe seja própria. Seguem-se as leituras atentas do *Talmud*, os ensaios sobre o judaísmo, em conjunto, obras magistrais, tais como *Totalité et Infini* (Totalidade e Infinito) ou *Autrement qu'être ou au-delà de l'essence* (Outramente que Ser ou Além da Essência), em que – para ser breve – Lévinas coloca em evidência a ética como ruptura do que ele chama de "o egoísmo ontológico".

Causará talvez espanto o fato de não constar desta "introdução a Emmanuel Lévinas" nenhum capítulo particular sobre o judaísmo. Isso ocorre por três razões.

Pareceu-me inútil lembrar aqui, de uma maneira forçosamente rápida, a importância semafórica de Emmanuel Lévinas no estudo, na leitura, na vida e também na crítica e no amor ao judaísmo hoje na França e no mundo todo. Além desse papel lhe ser comumente reconhecido, suas próprias reticências para desempenhá-lo (refiro-me à sua extrema modéstia, o que encobre uma exigência ainda maior) confirmaram-me no propósito de não abordar o judaísmo como um tema, entre outros, de sua obra. Não se trata, que fique bem claro, de passar em silêncio por essa presença-pensamento do judaísmo em Lévinas, mas destacá-la de suas palavras para tratá-la como uma "questão" me pareceu uma aposta impossível de se bancar. Se há questão, ela, com certeza, não se coloca sob a forma de um problema a ser resolvido (Qual seria, aliás, a resposta a essa questão senão o judaísmo ele mesmo?).

Uma outra razão que me reteve de fazê-lo é que, não sendo eu judeu, não podia falar do judaísmo a partir de seu interior: ora, creio que o judaísmo, entendido como fidelidade ("fidelidade sem fé", poder-se-ia dizer a propósito de certos textos ou posicionamentos de Lévinas), perderia muito de sua significação sendo detalhada à distância, sem risco para si mesmo.

Enfim, Lévinas, ao distinguir claramente os livros que dependem diretamente de comentários dos versículos (as "leituras talmúdicas", que publica pela Minuit) daqueles de pura filosofia ("escritos para todo o mundo", como ele mesmo disse), não faria muito sentido, creio eu, forçar a aproximação e apresentar Emmanuel Lévinas unicamente como um "pensador judeu". "Sempre fui judeu", responde Lévinas, com a costumeira ironia, a uma questão sobre suas relações com as Escrituras. Mais do que "pensador judeu", digamos que Lévinas é um "judeu que pensa", e que pensa também o judaísmo.

Em cinqüenta anos de reflexão e de leituras, Lévinas produziu uma quinzena de obras. Pensador paciente, prudente porém obstinado, prefere tratar totalmente – infinitamente – de alguns temas que lhe são caros, mais do que abelhar aqui e acolá e falar sobre tudo e nada. De livro em livro, de texto em texto, interroga o ser, o rosto, Deus, o homem, o outro, a morte e o amor, edificando uma moral que é, assim como ele mesmo escreve, "como a sabedoria do amor". Possa essa modesta "introdução a Emmanuel Lévinas", enriquecida pelas longas entrevistas que ele houve por bem nos conceder, contribuir um pouco que seja para tornar ainda mais conhecida essa obra construída na solidão e na determinação, e que hoje resplandece com magnificência. Obra de um frescor e de uma surpreendente potência intelectuais.

13

1. NASCIMENTO DO SUJEITO

Se uma metafísica busca edificar-se, ela encontrará – entre outras balizas – o Sujeito, ou seja, o pensamento, ou ainda o Eu. Se uma ética quer se fundar, é do Sujeito, dos sujeitos, dos sujeitos-objetos que ela partirá, que ela falará. Emmanuel Lévinas sabe muito bem disso, ele que se interrogou longamente, de uma nova maneira e audaciosa, sobre este nascimento – difícil – de um Sujeito, metafísico e moral. Nascimento? Seria a palavra correta? Não seria mais uma resplandecência, uma luz mais potente que a noite repentina, e que é o desvelamento do Sujeito, a aparição do *Sendo*[1]? Uma eclosão, no meio do *há* (*il y a*)[2] anônimo e

---

1. *Étant* se refere ao *Sendo* em português, ou seja, um *Ser* em devir. (N. da T.)

2. Para manter o relevo filosófico que Lévinas dá à expressão francesa, manteve-se a referência original e não apenas a sua tradução, isto é, o leitor encontrará sempre no texto a expressão *há* acompanhada da expressão *il y a*. (N. da E.)

15

impessoal, no meio do ser geral, a aparição de um Sujeito, a exibição de um ser individuado. Milagre e mistério desse advento.

Atravessando toda a obra de Emmanuel Lévinas, desenha-se em filigrana um amplo movimento de abertura que rompe – por solavancos e golpes de gênio, mas também com paciência e prudência – o ser geral, a neutralidade do *há* (*il y a*), e faz aparecer e raiar o Rosto, o Outro.

Poderíamos definir esse movimento como uma busca de sentido, ou melhor, como uma tentativa de escapar ao não-senso, uma "via que conduz da existência ao existente e do existente a outrem", *Difficile Liberté* (Difícil Liberdade).

Três momentos desse "ir em direção a outrem" nos parecem essenciais: a afirmação de uma subjetividade responsável, a irredutibilidade da alteridade de outrem, o primado da ética.

Subjetividade e há *(*il y a*)*

Para além da fórmula, as palavras: nascimento, sujeito. Com as nuanças que *devem* subentender toda afirmação sobre o pensamento de Emmanuel Lévinas, pode-se dizer: o Sujeito – ou a subjetividade – nasce do *há* (*il y a*), aí se [lhe] opondo e aí se [lhe] recusando.

O *há* (*il y a*): conceito-chave do pensamento levinasiano. "A luz e o sentido somente nascem com o surgimento e a posição de existentes nessa horrível neutralidade do *há* (*il y a*)", *Difícil Liberdade*.

O que é o *há* (*il y a*)? "O burburinho caótico de um existir anônimo, que é a Existência sem existente", *Difícil Liberdade*. É o horror de um ser impessoal e anônimo. Inscrevendo-se aqui, sem dúvida, na esteira de Heidegger, Emmanuel Lévinas já dele se desprende. Heidegger fala igualmente em um *há* (*il y a*) original (é a noção do *es gibt*), mas, em Heidegger, trata-se de um *há* (*il y a*) fecundante, rico de tudo o que existe (*geben*: dar, em alemão). Para

Lévinas, ao contrário, o *há* (*il y a*) não possui "generosidade alguma". É o silêncio durante a noite, um silêncio *murmurante*, que se escuta como a presença surda e invisível de um ser indefinido, de um ser que exclui a humanidade, que desafia a existência. "A noite é a aparição do 'tudo desapareceu'", escreve Maurice Blanchot, como que em eco a Lévinas, em *L'Espace littéraire* (O Espaço Literário).

Mas essa noite de ser, esse *há* (*il y a*) impessoal não é *nada*; é o absolutamente neutro, não é o *nada* (*néant*). Por isso, Lévinas pode afirmar: "Nós opomos pois o horror da noite, 'o silêncio e o horror das trevas', à angústia heideggeriana: o *medo de ser* ao *medo do nada*", *De l'existence à l'existant* (Da Existência ao Existente).

Tratar-se-á, para a subjetividade apenas surgida, nascente, balbuciante, de arrancar-se a esse ser neutro, tornar-se *sendo para além* da essência. Antes de examinar como se efetua essa saída fora do ser, voltemos, por um instante, à questão do estatuto do sujeito, chave de abóbada do pensamento de Emmanuel Lévinas.

Dois pontos parece-nos importante sublinhar, que ajudam a apreender a originalidade desse pensamento e a compreender por que ele ocupa hoje uma posição tão singular.

A Segunda Guerra Mundial e mais precisamente o genocídio do povo judeu abalaram profundamente a própria noção de Sujeito: os nazistas encarregados de conduzir os trens de deportados aos campos de extermínio não tratavam as crianças, as mulheres e os homens como "mercadorias"? (Ver os testemunhos coletados no filme de Claude Lanzmann, *Shoah*). Pela primeira vez na história, sem dúvida, o ser humano não valia *nada*. Não havia um inimigo a combater, um prisioneiro para trocar; havia um *objeto* a ser destruído. Pois não foi por ódio dessa ou daquela qualidade, dessa ou daquela diferença, mas por ódio ao *outro homem* que se pôde concretizar, desprezando toda moral e toda lei, o horror nazista. A dedicatória de *Outramente que Ser ou Além da Essência*, livro-chave de Lévinas, fala por si só: "À memória dos seres mais próximos entre os seis milhões de assassinados pelos nacionais-socialistas, ao lado de milhões e milhões de humanos de todas as confissões e de todas as nações, vítimas do mesmo ódio ao outro homem, do mesmo anti-semitismo".

Se, em nenhum momento de sua obra, Lévinas não se "serve" do genocídio como expressão extrema do Mal e fundamento de novas possibilidades – e limites – de uma *moral* nesse século xx espirante, o abalo da noção de Sujeito que constituiu esse absoluto do Mal – e que mais tarde os *gulags* soviéticos e as formas modernas de totalitarismo vão reiterar – intervém em sua obra como uma interrogação: qual é o estatuto de um Sujeito mutilado, injuriado, aniquilado pela história, de um homem cuja humanidade foi desmentida?

> Como filosofar, como escrever com a lembrança de Auschwitz, daqueles que nos falaram, às vezes em notas enterradas perto dos crematórios: saibam o que se passou, não se esqueçam e, ao mesmo tempo, vocês jamais saberão. É esse pensamento que atravessa, carrega toda a filosofia de Lévinas e que ele nos propõe, sem dizê-la, além e antes de toda e qualquer obrigação. (Maurice Blanchot, em *Texts pour Emmanuel Lévinas* [Textos para Emmanuel Lévinas])

Ao Sujeito arrancado para fora do ser impessoal, ruptura da ordem ontológica, vai corresponder uma ruptura da ordem histórica nascida talvez na lembrança daqueles que *là-bas*[3] pereceram. Daí a afirmação de uma subjetividade potente, responsável *por* outrem, de uma consciência que

> não é um ser menor, mas o *modo* do sujeito. Ela é poder de ruptura, recusa de princípios neutros e impessoais, recusa da totalidade hegeliana e da política. [...] Ela é poder de falar, liberdade de fala, sem que se instaure por trás da fala pronunciada uma sociologia ou uma psicologia que busca o lugar dessa fala em um sistema de

---

3. Manteve-se a expressão em francês por não ter, em "lá embaixo", uma correspondência semântica adequada. (N. da T.)

referências e que a reduz assim ao que ela não queria. *Daí poder julgar a história em vez de esperar seu veredicto impessoal* *. (*Difícil Liberdade*)

Esse poder de julgar a história não é um poder *sobre*, mas um poder *para com*[4], uma carga, uma responsabilidade a mais. É nesse caso também que é preciso entender a precisão de Lévinas: liberdade de palavra sem sociologia nem psicologia, ou seja, liberdade "difícil", sem molduras protetoras, o que nos conduz ao segundo ponto que desejamos sublinhar.

"O homem nasce no meio do saber", afirmava Michel Foucault. "O sujeito é para com o outro; seu ser vai-se para com o outro; seu ser se mata em significação", escreve Lévinas. Seria fácil demais, e arriscado, opor aqui a desconstrução do sujeito operada pelas ciências humanas e pelo objetivismo dos pensadores estruturalistas ao renascimento de um sujeito responsável – mas um sujeito responsável-para-com-outrem e privado de sua soberania, ponto em que voltaremos mais adiante – à qual assistimos, ao que parece, lendo Lévinas.

Fácil demais, uma vez que Lévinas – ele mesmo o diz nas entrevistas que se seguem – jamais refletiu com respeito ao estruturalismo, e sua noção de subjetividade responsável-para-com-outrem tem com certeza mais a ver com as obras de Dostoiévski, Rosenzweig ou Buber por exemplo, do que com uma oposição a Lévi-Strauss ou Foucault. Mais ainda, qual filósofo, digno desse nome, não se preocupou com a subjetividade do sujeito (constituído, constituindo-se), de Platão a Foucault justamente – não é preciso ver em sua *Histoire de la sexualité* (História da Sexualidade) o início de uma História do Sujeito, ela própria primeira pedra de uma História da Verdade? –, passando por Kant, Hegel, Kierkegaard, Heidegger? Não, se for absolutamente preciso

---

*. Grifo meu. (N. do A.)

4. A tradução do *pour*, "para", por "para com", procura atender a implicação da proposição do ponto de vista da filosofia de Lévinas. (N. da T.)

situar Lévinas em relação aos filósofos contemporâneos, é a figura de Sartre que deve ser evocada.

Em uma passagem de *L'Etre et le Néant* (O Ser e o Nada) intitulada "Liberdade e Responsabilidade", que é uma espécie de digressão moral nesse ensaio de ontologia fenomenológica, Sartre escreve: "O homem, estando condenado a ser livre, carrega o peso do mundo inteiro sobre seus ombros: ele é responsável pelo mundo e por si mesmo, enquanto maneira de ser". Mais adiante, especifica: "Sou responsável por tudo, de fato, salvo por minha responsabilidade mesma pois não sou o fundamento de meu ser. Tudo se passa como se eu fosse obrigado a ser responsável". Também para Lévinas a responsabilidade é uma obrigação e é absoluta, mas, e aqui começa a divergência de concepções – decisiva – entre os dois filósofos: Lévinas pensa a responsabilidade *antes* da liberdade e *para com* o outro, e vai a ponto de afirmar [que] o sujeito [é] responsável pela falta do outro, ou por sua morte. A responsabilidade não procede de nenhuma decisão, de nenhuma escolha, ela é uma passividade fundamental, um "padecer". A este propósito, Lévinas tem frases difíceis, se não impossíveis de se entender caso a gente não se desprenda da ótica sartriana de uma liberdade de escolha onipotente e se a gente não recusar a sua tristemente célebre frase: "O inferno são os Outros". "No sofrer *pela* falta do outro aponta o sofrer *para com* a falta dos outros", escreve Lévinas em *Outramente que Ser ou Além da Essência*. Ou ainda: "Suportar *por* outrem só é paciência absoluta se 'por outrem' já é 'para com outrem'. Essa transferência é a própria subjetividade", ibid. Ou ainda: "… passar do ultraje sofrido à responsabilidade pelo perseguidor". Por que, nos perguntamos candidamente, a necessidade de um tal "masoquismo"?

Porque se trata, lembremo-lo, de sair do *há* (*il y a*) anônimo e impessoal, e a responsabilidade, antes mesmo que o sujeito se constitua em um Si, em uma consciência, consciência de uma liberdade, rompe a essência e promove de pronto o sujeito a um estatuto de sujeito-para com-outrem, ou seja, de sujeito moral. É por isso que Lévinas pode escrever: "A moral não é um ramo da filosofia, mas a filosofia primeira", *Totalidade e Infinito*.

Nascimento do sujeito, dizíamos. Sim, mas de um sujeito como sujeitado ao outro, de um sujeito destituído, fraco, de uma fraqueza votada ("dedicada e não votante") a outrem.

... Na Proximidade de Outrem

> *Nós somos dois seres que nos encontramos*
> *face a face no infinito.*
>
> DOSTOIÉVSKI, *Os Demônios*

O sujeito de-posto, como se diz de um tirano, se encontra exposto ao Outro, notadamente na linguagem e no Desejo que é preciso entender como [uma série de] movimentos em direção a outrem que ele efetua *a despeito* de si *pelo* outro: a afetividade. "A subjetividade do sujeito é a vulnerabilidade, exposição à afeição, sensibilidade, passividade mais passiva do que a passividade...", *Outramente que Ser ou Além da Essência*.

A Linguagem

Falar é arriscar uma aproximação de outrem, é tentar "enredar uma intriga" com ele. Porém, e aqui encontramos um tema heideggeriano, o Dito nunca é o desdobramento ou a realização do Dizer, assim como o *sendo* não é o desvelamento do ser. "O dizer não consola o que resta a dizer", escreve magnificamente Maurice Blanchot.

Nesse sentido, a linguagem não é uma expressão do pensamento, mas a condição de uma tentativa de comunicação. Falar não é simplesmente dizer qualquer coisa, é sim expor-se a outrem. Longe de ser um modo de pôr em palavras o mundo, a linguagem para Lévinas é primeiramente um *dirigir-se a outrem*, um chamar. Toda fala verdadeira é uma súplica: a prece como fala. A linguagem não é nem uma experiência nem um meio de conhecimento de outrem, mas o local de Encontro com o Outro, com o estrangeiro e o desconhecido do Outro. Que me seja permitido citar aqui o texto bastante longo de Maurice Blanchot sobre Lévinas, que trata dessa questão da linguagem:

A revelação de outrem que não se produz no espaço iluminado das formas é totalmente fala (parole). Outrem se exprime e, nessa fala, ele se propõe como outro. Se há uma relação em que o outro e o mesmo, mantendo-se ao mesmo tempo em relação, *se absolvem* dessa relação, termos que permanecem assim *absolutos* na própria relação, como enfatiza Lévinas, essa relação é a linguagem. Quando eu falo com outro, eu o invoco. Antes de tudo, a fala é essa interpelação, essa invocação na qual o invocado está fora de alcance que é, mesmo injuriado, respeitado, mesmo intimado a calar-se, chamado à presença da palavra, e não reduzido ao que eu digo dele, tema do discurso ou objeto da conversação, mas aquele que está sempre além ou fora de mim, me ultrapassando e me dominando, uma vez que eu lhe peço, desconhecido, para voltar-se para mim e, estranho, me ouvir. Na fala, é o que está fora que fala, dando lugar à fala e permitindo o falar. (*L'Entretien infini* [A Conversa Infinita])

Outrem: "aquele que está sempre além e fora de mim". Qual movimento pode nos fazer pressentir essa inapreensível proximidade de outrem melhor que a linguagem? No diálogo, outrem, sem revelar-se – a linguagem mascara tanto, senão mais, do que revela –, afirma sua presença como outro. Ele me diz que está aí, tendo o poder de falar-me, ouvir-me, responder-me, a partir de *seu* local irredutível ao meu, distante e no entanto muito próximo. Paradoxo do diálogo: no momento em que creio aproximar outrem, ele me escapa, o Eu (*Je*) daquele que fala e o Eu daquele que é invocado permanecem estranhos um para o outro, o encontro não é união, mas aproximação – em um intervalo – de dois discursos, se misturando, se evadindo: dia-logos.

É precisamente porque o Tu é absolutamente outro que o Eu, escreve Lévinas, que há, de um a outro, diálogo [...]. Relação diferente de todas as conexões que se estabelecem no interior de um mundo no qual o pensamento como saber pensa à sua medida, em que percepção e concepção captam e se apropriam do dado e com ele se satisfazem. (*De Dieu qui vient à l'idée* [De Deus que vêm à Idéia])

Sem querer de modo algum desviar essa reflexão de Lévinas sobre a linguagem, que é antes de tudo uma reflexão filosófica sobre *a separação*, qual bela resposta e qual magistral desmentido encontraríamos aí para opor, se houvesse necessidade, àqueles que, não faz muito tempo, psicanalistas, sociólogos, cientistas políticos no alto de suas autoridades, reduziam o indivíduo ao "discurso que se fala através dele", e, identificando esse discurso, pretendiam conhecer o homem: mais do que uma palavra escravizada, "condicionada" – que finalmente nada diz de si mesma –, Lévinas prefere interessar-se pelo extraordinário de uma palavra soberana, que escapou da totalidade que a encerra, endereçada ao outro em um face-a-face exigente e doloroso, quase insuportável, palavra dita e a ser ouvida cada vez de maneira nova e única.

No diálogo, eu me torno um signo para o outro, eu sou chamado, uma vez mais de-posto de minha soberana potência, uma vez mais para com-outrem, sem re-pouso[5], na obrigação de responder *ao* e *pelo* outro.

Como vontade de aproximar o absolutamente outro sem jamais alcançá-lo verdadeiramente, a linguagem seria uma modalidade do Desejo: eu *posso* nomear, assim como eu *posso* desejar, o que não existe, ou o que literalmente *não tem corpo* (a palavra de Deus vem à idéia), o que se recusa à posse, ao saber, o Estrangeiro, o Desconhecido, o que se apresenta a mim *à borda de* mim.

---

5. Jogo de palavras do original francês: *Dé-posé* e *Re-pos*, onde o autor hifeniza as palavras a fim de enfatizar o jogo semântico entre os significantes. (N. da T.)

O Desejo

Antes de mais nada, uma precisão: o Desejo não se realiza na fruição, pois, para Lévinas, a fruição – o *fruir-de* (*jouir-de*) – é consecutivo da necessidade[6], que é o primeiro signo do afastamento do sujeito para fora do *há* (*il y a*), marca de humanidade: "A necessidade é o primeiro movimento do Mesmo", *Totalidade e Infinito*. A fruição será pois pensada como egoísmo:

> Na fruição, eu estou absolutamente para mim. Egoísta sem referência a outrem – eu estou só sem solidão, inocentemente egoísta e sozinho. Não contra os outros, não "quanto a mim" – mas completamente surdo a outrem. (ibid.)

Ao contrário, o Desejo será movimento em direção a outrem. Mas de qual desejo se trata? Por que essa maiúscula? O Desejo nominado por Lévinas é desejo metafísico, "Desejo do invisível", diz ele. E complementa: "O Desejo metafísico (…) deseja o além de tudo aquilo que se pode simplesmente completá-lo (…). O Desejado não o preenche, mas o esvazia". Desejo insaciável, crescente a cada vez que o Desejado não lhe responde, se es-forçando, se exaurindo em sua própria desmedida de Desejo absoluto, de absoluto. O que quer esse Desejo? "O absolutamente Outro". Ou seja, precisamente o que não é Eu, o que me é – e me permanecerá – *estrangeiro*, o Invisível, o Infinito do outro. "A invisibilidade implica relações com o que não é dado, do que não se faz idéia", *Totalidade e Infinito*.

Que um filósofo – que além disso afirma que "a filosofia busca e exprime a verdade" – possa interessar-se pelo *invisível* e atribuir-lhe um *valor* poderia causar surpresa. Seria não compreender *onde* se situa o esforço de pensamento de Emmanuel Lévinas. Na orla entre nosso aprisionamento em nós mesmos, nossa intimidade incom-

---

6. Na impossibilidade de traduzir *besoin* com o seu sentido pleno que é o de precisar, desejar ardentemente, carecer, optou-se por uma aproximação com a palavra vernácula "necessidade". (N. da T.)

partilhável, e o mundo dos outros – sociedade, Estado –, ele é uma via de escape em direção ao outro: é o local do Desejo, margem entre metafísica e ética. É aí que trabalha Lévinas. Mas atenção, esse local não é nem supraterrestre nem imaginário, e sim, ao contrário, o local supremamente concreto do *face-a-face* onde o Eu se de-põe[7], onde o Outro se impõe em uma alteridade luminosa, inalterável, um lugar "onde o poder, por essência assassino do outro, se torna, diante do Outro e 'contra todo bom senso', impossibilitado de matar, consideração do Outro em justiça", *Totalidade e Infinito*.

Frente a mim, o Outro não é meu igual, ele me é desconhecível, inapreensível pelo olhar ou pelas palavras; esse *modo* pelo qual o Outro é o Estrangeiro, Lévinas chama de Rosto, mas – como para o Desejo – é preciso compreender esse termo assim como Lévinas nos convida a fazê-lo, de uma maneira radicalmente *diferente* e nova. É preciso o esforço de uma leitura e de uma escuta altamente atentas para compreender o sentido novo que Lévinas dá a essas palavras Desejo, Rosto, Outro, um sentido que, sem negar a tradição, mas destacando-se claramente dela, oferece ao pensamento moral os fundamentos de seu futuro. "A maneira como se apresenta o Outro, *ultrapassando a idéia do Outro em mim*, nós a chamamos rosto", escreve Lévinas. E também: "A relação – à vista do – rosto é, de pronto, ética". Enfim: "O rosto *significa* o Infinito", *Ethique et Infini* (Ética e Infinito).

Quando Lévinas liga Desejo, Infinito e Rosto, e afirma: "Pensando o Infinito, o eu de pronto pensa mais do que pensa", *En découvrant l'existence avec Husserl et Heidegger* (Descobrindo a Existência com Husserl e Heidegger), ele se inscreve em uma perspectiva platônica e cartesiana. Platão situa o Bem *além* do ser e o define, de certo modo, como Desejável supremo. Para Descartes, que o "eu penso" possa ter a idéia de Deus, infinito e perfeito, testemunha de Sua

---

7. Não sendo possível verter a primeira pessoa do verbo depor da forma francesa, *Je me de-pose*, foi mudado o pronome do verbo para manter o jogo de palavras com *s'impose*. (N. da T.)

existência: essa idéia não podendo vir de mim, ser finita, é pois Deus que a colocou em mim ao me criar. "Não se deve achar estranho que Deus, ao me criar, tenha posto em mim essa idéia para ser como a marca que o obreiro imprime sobre sua obra", Descartes, "Troisième méditation métaphysique" (Terceira das Meditações). Em Lévinas, a relação com o Outro é uma relação com *o absolutamente outro*, irredutível a mim, ao Mesmo: relação com o Infinito. Essa relação – se é que podemos falar aqui de relação – entre dois Estrangeiros, entre o Um *e* o Outro, não se produz ao modo de um querer ou de um saber que reduziriam o Outro a Mim. A relação com o Outro se produz como Desejo, ou seja, como um *ir em direção a*, um *abandonar-se a*. Mas esse desejo, e é o ponto essencial que precisamos sublinhar, é *insaciável*: "O Infinito, escreve Lévinas, se produz como Desejo. Não como Desejo que aplaca a posse do desejável, mas como o Desejo do Infinito que o Desejável suscita, em vez de satisfazê-lo. Desejo perfeitamente desinteressado – Bondade", *Totalidade e Infinito*. Paradoxo do Desejo que Jacques Derrida havia sublinhado: "O movimento do desejo não pode ser o que ele é senão como renúncia ao desejo", *L'Ecriture et la Différence* (Escritura e a Diferença).

Esse desejo é uma ruptura do egoísmo ontológico, ao mesmo tempo em que é uma exigência moral.

Pode-se falar de uma relação com o infinito não à guisa de uma síntese que o abarcaria mas no *fato de jamais estar quite em respeito de outrem* (…). Na obrigação para com outrem ou o amor pelo outro ser humano, *a consciência de jamais amar o suficiente*[*]. ("Entretien François Poirié / Emmanuel Lévinas", *Art Press*, n. 101)

O Rosto

Se não houvesse o encontro – primordial – com o rosto de outrem, eu poderia viver tranqüilo, na certeza de meu ser e de meu poder-saber sobre as coisas; eu seria potente no reino da fenomenalidade. Mas o rosto de outrem vem romper essa ordem; de repente, eu tenho em minha frente não mais um objeto que eu posso conhecer ou possuir, mas o irredutível, a impressionante presença do rosto de outrem que se recusa a mim e a toda interpretação. Paradoxo do rosto: ele está aí, mas como ausente, exterior mas absorvido pelo interior, frágil fronteira entre o Fora e o Dentro, nu e, no entanto, secreto.

O rosto é somente rosto, um signo puro, uma assinatura, "ele é por si mesmo e não por referência a um sistema", *Totalidade e Infinito*. O rosto é o que identifica outrem, em minha memória e em meu pensamento, identidade que segue outrem em seu envelhecimento, sua mortalidade, sua humanidade, ele é o que nomeia mais e melhor que um nome; absolutamente único, o rosto *é* o outro, ele é a sua expressão nua. Mas o que nos diz o rosto, o que diz sua "expressão"? "O rosto é o que não se pode matar ou, ao menos, aquilo cujo sentido consiste em dizer: 'Não matarás'", *Ética e Infinito*.

Compreendamos bem: o que Lévinas denomina rosto não se reduz à estética, à *imagem* do rosto:

> Pode-se dizer que o rosto não é "visto". Ele é o que não pode se tornar um conteúdo, o que vosso pensamento abarcaria; ele é o que não pode ser contido, ele vos conduz ao além. É nisto que a significação do rosto o faz sair do ser enquanto correlativo de um saber. (*Ética e Infinito*)

Antes de ser imagem plástica e percepção sensível, de uma maneira mais essencial, o rosto é significação, fala; é por isso que a escuta do rosto prima sobre a sua visão.

Outrem detém minha liberdade, não como em Sartre, porque ele a colocaria em perigo, mas porque, face ao rosto de outrem, eu não posso viver na incauta certeza de mim mesmo, eu sou forçado a responder a outrem, eu sou responsável (culpado) pelas faltas que ele pode cometer assim como pelas ofensas que ele pode sofrer. A esse propósito, Lévinas gosta de citar a frase de Dostoiévski que lemos em *Os Irmãos Karamazov*: "Cada um de nós é culpado diante de todos, por

---

*. Grifo meu. (N. do A.)

todos e por tudo, e eu mais que os outros". Exigência portanto suprema, "o rosto de Outrem coloca em questão a feliz espontaneidade do eu, essa jubilosa *força que vaí*", *Difícil Liberdade*.

O rosto de outrem fornece, ou melhor, é o sentido – a inflexão – moral de minha existência. Ele me chama, ele me obriga a ser para-com-o-outro. Mas esse comando para ser responsável-para-com-outrem não surge nem como escolha nem como um preceito moral; ele existe antes da liberdade e além da Essência, origem da origem e fundamento de todo fundamento.

A responsabilidade para com outrem não é o acidente que chega a um Sujeito, mas precede nele a Essência, e não esperou a liberdade em que teria sido tomada o compromisso para com outrem. Eu nada fiz e sempre estive em causa: perseguido. (*Outramente que Ser ou Além da Essência*)

O Para-com-o-Outro[8]

> *O extraordinário começa no momento*
> *em que eu me detenho.*
>
> MAURICE BLANCHOT, *L'Arrêt de mort*

Ser responsável-para-com-outrem é uma exigência que me importuna sem parar: eu sou perseguido. A respon-

---

8. Essa expressão (*le pour-l'autre*) instaura o evento e o sentido éticos, característicos do ser humano, permitindo que se saia da simples existência (*existence*), que é anônima e indiferente, para o estabelecimento de relações singulares e propriamente humanas (terreno do *existant*).
Como sublinha Lévinas, entre tantas passagens de seus escritos, "O eu não é de todo unicamente aquele que se volta sobre si. É aquele que tem relação com o outro" (p. 92). Ou seja, a interioridade não é uma estrutura única, mas dupla, permanentemente próxima e dependente de alguém, que, ainda assim, permanece distinto. Para que em português se pudesse guardar o significado dessa correlação instituída pela presença irredutível do outro, optou-se por reunir as idéias de *para* (direção) e de *com* (vínculo). Ao mesmo tempo, mantiveram-se as formas de escrita do original: ora o emprego de "autre" – outro, distinto, diferente, incluindo o gênero, o cidadão, o Estado –, ora o de "autrui" – outrem, o próximo, a coletividade, o alheio (neste último sentido, como na expressão "le droit d'autrui", o direito alheio, do próximo). (N. da E.).

sabilidade-para-com-outrem não é nem confortável nem prazerosa, nem mesmo satisfatória (eu jamais estou desonerado em relação a outrem, eu estou sempre *em dívida*, eu jamais sou bom *o suficiente*); ela nada tem a ver tampouco com uma boa consciência (nem com uma boa palavra) que poderia ser obtida por algum sacrifício ou por alguma indignação de bom tom.

De outra parte, pelo fato de outrem estar sempre *já aí*, antes de minha vinda ao mundo, a responsabilidade-para-com-outrem é "mais antiga que o começo", *Humanisme de l'autre homme* (Humanismo do Outro Homem), ela vem de um passado imemorial. É uma alienação – mas sem servidão – ao mesmo tempo que uma consignação [ou intimação], *assignation*: eu sou refém de outrem e não posso me esquivar (delegar minha responsabilidade-para-com-outrem).

Condição de refém – não escolhida: se houvesse escolha, o sujeito teria mantido seu *quanto-a-si*[9] e as saídas da vida anterior, enquanto sua subjetividade, seu psiquismo mesmo, é o *para com o outro*, enquanto *seu próprio porto de independência consiste em permitir a existência do outro – em expiar por ele. (Outramente que Ser ou Além da Essência)*

Lévinas introduz no campo filosófico – e no quadro de uma reflexão sobre o ético – duas noções, de fonte eminentemente religiosa, que nos ajudam a compreender melhor a força e a singularidade desse pensamento sobre responsabilidade-para-com-outrem. São as noções de eleição e de substituição.

A Eleição

Eu fui eleito para ser *o* responsável por outrem; nessa posição, para essa função, eu sou único, insubstituível: "Unicidade do eleito ou do requerido que não é eleitor, passividade que não se converte em espontaneidade (...).

---

9. No original *Quant-à-soi*. (N. da T.)

Eleito sem assumir a eleição!", *Outramente que Ser ou Além da Essência*. Antecipando o chamado, a espera de outrem, respondendo por ele, sem que ele me tenha pedido e sem que nada nem ninguém me tenham obrigado a tanto, a não ser a própria obrigação, o "Eis-me!"[10] primeiro, que anuncia bondade e responsabilidade e se enuncia em uma "passividade mais passiva do que a passividade", proveniente não de uma decisão mas de um *mandamento*, testemunha, segundo Lévinas, do Infinito.

Havíamos visto que, na aproximação com outrem, outrem *significava* o Infinito. Aqui, a bondade – ou seja a humanidade do homem que *proíbe* matar e *obriga* a se pré-ocupar com outrem – é testemunho do Infinito. Que eu não possa me impedir – chamado, compelido por uma força mais forte que minha força de vontade e de recusa – de amar outrem é testemunho e revelação do Infinito, de um Dizer que precede o Dito, de um mandamento que, nascido fora de mim, manda em mim e me obriga a ser responsável-para-com-outrem; presença do Infinito: a voz de Deus no Rosto de outrem.

Em Lévinas, o Bem vem primeiro: "Ele me ama antes que eu o tenha amado", eu lhe obedeço antes de ouvir sua ordem. O Bem, pela eleição, dá à subjetividade sua significação.

E Lévinas, ao precisar, nesses colóquios, o sentido da eleição do povo judeu, freqüentemente incompreendido ou deturpado: "É um excedente de responsabilidade, não é uma pretensão à aristocracia". Na revista *Arche* de junho de 1981, ele escreve de maneira ainda mais radical:

No sofrimento e na morte de seis milhões de judeus – nos quais um milhão de crianças – revelou-se a inexpiável danação de todo nosso século: o ódio pelo outro homem. Revelação ou apocalipse. Século de guerras mundiais e dos campos de extermínio, dos totalitarismos e dos genocídios, do terrorismo e da tomada de reféns, de uma razão que se converte em perigo atômico, de um

10. No original *Me voici!* (N. da T.)

progresso social que se inverte em stalinismo. Mas é em Auschwitz que se reúne, de todas as maneiras e continuará em ebulição até o fim dos tempos, o sangue que – de Guernica ao Camboja – inunda a terra. Mais uma vez, Israel terá sido chamado, como na *Bíblia*, a testemunhar por todos, e em sua Paixão, a morrer a morte de todos e a ir até o fim da morte.

A eleição conduz ao sofrer para com e por outrem, a substituir-se a outrem até morrer *em seu lugar*, em uma passividade anterior à liberdade, que é o lugar do Bem em que Deus se faz ouvir, em que Ele vem à idéia…

A passividade pura que precede a liberdade é responsabilidade. Mas a responsabilidade que não deve nada à minha liberdade, é minha responsabilidade para com a liberdade dos outros. Lá onde eu poderia remanescer espectador, eu sou responsável, ou seja, mais uma vez, falante. Nada mais é teatro, o drama não é mais jogo. Tudo é grave. (*Humanismo do Outro Homem*)

A Substituição

Sempre Lévinas, e isso não é um de seus menores méritos, nos dá a ouvir as palavras com um eco novo, um sentido inédito e, amiúde, audacioso. Em ourivesaria da língua francesa, Lévinas cinzela a velha palavra para que esta, irreconhecível, brilhante, como que revigorada, responda plenamente às exigências e às sutilezas de seu pensamento vivo, de seu pensamento inventivo.

Assim, "substituir-se a outrem" não mais significa simplesmente "tomar seu lugar", mas ser o adulto do adulto, o pai do pai, ser responsável tanto pelo assassino como pela vítima, ser responsável – Lévinas chega a esse ponto – por seu próprio perseguidor. Substituir-se quer dizer sacrificar-se, sem heroísmo nem orgulhosamente: ser, ser verdadeiramente, *para com o outro*. Possibilidade de ultrapassar, de romper, ou antes de preceder as categorias da ontologia, do Ser e da morte, assentar a moral sobre uma Bondade primeira, uma fraternidade. "O próprio estatuto do humano implica a fraternidade e a idéia do gênero humano", *Totali-*

dade e Infinito. Também: "O *para com* de um-para-com-o-outro é um *para com* de gratuidade total, rompendo com o interesse: para a fraternidade humana fora de todo sistema preestabelecido", *Outramente que Ser ou Além da Essência*.

"Substituir-se a outrem", em Lévinas, não é uma fala vã; a expressão requer o conjunto de nossas forças, e nem mesmo essa energia desdobrada basta, uma vez que nenhum sacrifício apazigua o sofrimento de outrem, nenhuma doação de si impedirá a morte de outrem. Mas essa vaidade do recurso não deve deter o esforço para tornar a vida de outrem melhor. É preciso tentar essa humanidade, ainda que seja inútil, pois somente ela dá sentido. E ela dá sentido ao que, por excelência, foge ao sentido, o nega: a morte.

A Morte

> *Morre-se somente uma vez e está acabado para sempre! Vocês compreendem o que essas quatro sílabas significam: para sempre?*
>
> VLADIMIR JANKÉLÉVITCH, *Pensar a Morte*

Depois de sua difícil acessão à subjetividade fora do *há* (*il y a*) anônimo, face a outrem, o Sujeito firmara-se de algum modo: o para-com-o-outro lhe havia dado uma significação. A morte vem esborоar esse frágil edifício.

Em um de seus primeiros livros, *Le Temps et l'Autre* (O Tempo e o Outro), Lévinas nos oferece uma longa e potente meditação sobre a morte que é pensada de pronto *do lado de outrem*, quer dizer, como Mistério, como Inapreensível. "A morte anuncia um acontecimento de que sujeito não é o senhor, um acontecimento em relação ao qual o sujeito não é o sujeito", *O Tempo e o Outro*.

A Morte e o Tempo

Ninguém jamais se resigna a ter de morrer um dia, mesmo que esse dia seja hoje. A morte é "o absolutamente incognoscível" e, ao mesmo tempo, o que está Bem-perto (*Tout-proche*), já que, se eu não sei *quando* ela advirá, eu sei que ela advirá, que ela está irremediavelmente "em marcha".

Minha morte é um acontecimento do qual eu não participarei, ela é um futuro *absoluto* (que desborda o Tempo): um dia, eu estarei morto *para ti*. Essa impossibilidade de dominar o momento de minha morte arruína meu porvir: "A morte é a impossibilidade de ter um projeto", *O Tempo e o Outro*. Ruína do porvir, ruína do sentido igualmente: "A morte torna insensato todo cuidado que o Eu gostaria de tomar [acerca] de sua existência e de seu destino", *Humanismo do Outro Homem*.

Ainda aí, Lévinas se distingue claramente de Heidegger, que pensa *o ser para a morte* como uma "lucidez suprema, uma virilidade suprema". É a própria possibilidade da impossibilidade, enquanto que, para Lévinas, na morte – a idéia da morte, mas a morte, a minha morte, não é outra coisa senão uma idéia, um temor, sem *realidade*, ou melhor, sem *realismo*, um temor *louco* –, eu me choco com um impensável, um incognoscível, que escapa ao poder e à luz do saber: "O que é importante com a aproximação da morte é que, a um dado momento, nós *não mais podemos poder*; é nisto precisamente que o sujeito perde seu domínio de sujeito", *O Tempo e o Outro*.

Mas, se a morte torna ilusória toda presunção do Eu a ser "senhor de si mesmo como do universo", ela não anula sua responsabilidade-para-com-outrem, muito ao contrário. À patética visão de *minha* morte, "cutelo de não-ser suspenso acima do ser", assim como a define Jankélévitch, Lévinas superpõe e impõe como pré-original, e mais *grave* finalmente, *minha* responsabilidade-para-com-outrem: "A responsabilidade pré-original para com outro não se compara ao ser, não é precedida de uma decisão e a morte não pode reduzi-la ao absurdo", *Humanismo do Outro Homem*.

Morte, Transcendência e Outrem

O medo da morte me faz apreender – temer – uma realidade *outra*, irredutível aos objetos habituais do saber e aos organismos de poder. Mais do que o nada que ela anuncia, é a alteridade da morte – sua incognoscibilidade – que interessa a Lévinas. Um paralelo – que não é uma equivalência – se esboça entre a alteridade da morte e a alteridade de outrem: contra esses mistérios, o pensamento investigativo tropeça, contra eles o triunfo da subjetividade se quebra.

Mas como eu posso apreender – ter-a-idéia-de – a morte, se ela me é incognoscível, estrangeira? Poderia parecer que há aqui uma contradição. Uma vez que Lévinas refuta o argumento segundo o qual a morte do outro, como encenação de minha própria morte, seria uma prefiguração desse instante futuro, fatal, que me absorverá, em que eu me tornarei Ausência, morto para ti e para todos os outros, sem, literalmente, não ser jamais, nem jamais ter sido – ainda que fosse o tempo de um suspiro, de um batimento, de uma parada – morto para mim mesmo. A morte me dá medo porque ela é *em mim* a alteridade radical. Mas aquele, que, no tremor da morte, acaba por dar-se à morte para fazer calar esse temor tornado insuportável, se engana: ele mata o homem nele, tendo querido negar *o mortal* unicamente. "A morte para o candidato ao suicídio permanece dramática. Deus nos chama sempre cedo demais a Ele. O que se quer é o aqui embaixo", *Totalidade e Infinito.*

A Paciência

Como viver se a morte terrifica e não "consola", se ela não é um "pórtico aberto para os Céus desconhecidos" (Baudelaire), porém um "Não absoluto", um "nunca-mais-nada-mais" (Jankélévitch)? Uma das mais belas lições, a meu ver, que Lévinas nos oferece – lição, quer dizer, experiência transmitida como abertura, via nova e não como verdade – é sua reflexão sobre a paciência que "significa: renunciar a ser o contemporâneo de seu finalizar-se (*aboutissement*)", aceitar viver, continuar a viver para um tempo *após* minha morte que é o tempo do Outro. Aprender a paciência na obra – criança, livro – é poder ser ainda, apesar da morte, "é um tempo que vai existir sem mim, ser para um tempo após meu tempo", *Descobrindo a Existência com Husserl e Heidegger*. Aprendizagem difícil mas necessária se o quisermos – e como não querer isso? – viver com um porvir. Tornar-se indiferente à sua própria morte, inelutável, e preocupar-se com a morte de outrem, intolerável; somente a paciência permite uma tal reversão. Não mais o cuidado de si, mas a vontade, a criação para com outrem. "Na paciência, a vontade atravessa a crosta de seu egoísmo e desloca o centro de sua gravidade fora dela para querer como Desejo e Bondade que nada limite", *Totalidade e Infinito*.

2. "SOU TODO TEU"

O outro não é nem uma *tentação* nem um *problema*; não é um objeto nem de saber nem de prazer: "a proximidade do outro enquanto outro" é um Enigma, insolúvel, que me é imposto em uma responsabilidade-para-com-o-outro que eu não desejei, que eu sofri em uma ação em que eu me retiro de mim mesmo, em uma passividade que é uma atividade para com o outro, uma inquietude por sua vida material cotidiana.

"Sou todo teu": frase impronunciável uma vez que eu não escolhi ser para-com-o-outro, frase que eu gostaria de *te* dizer como uma confissão, como um "eu te amo", mas isso é impossível, pois exprimir a responsabilidade-para-com-outrem sob a forma de um voto revelado neutralizaria a força concreta dessas palavras, "ser, responsável-para-com-o-outro", que é sua própria significação. A responsabilidade-para-com-outrem – Desejo insaciável, Exigência infinita – é uma obrigação e não um divertimento.

37

A Responsabilidade: Uma Assimetria Fundamental

> *É falso que sejamos dignos de que os outros nos amem. É injusto que queiramos isso.*
>
> PASCAL, *Pensamentos.*

Perante a Lei, a responsabilidade é geralmente entendida por mim mesmo: somos ditos "responsáveis por *nossas* falas e *nossos* atos". Todos os homens são iguais perante essa Lei. Somente as crianças e os loucos serão dispensados de responsabilidade e poderão ser declarados ir-responsáveis. Mas nada nessa Lei, nessa Justiça dos homens, afirma que Eu sou responsável-para-com-outrem, responsável pelos sofrimentos que ele suporta como por aqueles que ele inflige! Trata-se pois de *outra coisa*.

O Face-a-Face

Ponto de partida da relação ética, "ponto" que Lévinas situa ainda no espaço da metafísica, o face-a-face em que Eu encontro Outrem, no qual ele me faz face na impossibilidade do desvio, da esquiva, é esse momento primeiro, último e irredutível, que Lévinas chama: religião: "Face a face com o outro em um olhar *e* em uma palavra que mantêm a distância e interrompem todas as totalidades, esse ser [estar em] – conjunto como separação precede ou ultrapassa a sociedade, a coletividade, a comunidade. Lévinas o chama de *religião*", Jacques Derrida, *A Escritura e a Diferença*. Concebido rapidamente como uma relação Eu-Tu privilegiada, esse face-a-face poderia fazer crer em uma relação ideal com o Outro, indiferença ao mundo e às suas vicissitudes, a todas as suas dificuldades e à sua esperança de sucesso. Compreender o pensamento do face-a-face dessa maneira seria um contra-senso; na relação de linguagem que instaura o face-a-face, "o interlocutor não é um Tu, é um Vós [Você]. Ele se revela em sua senhoria", *Totalidade e Infinito*. Como primeira relação com outrem, o face-a-face abre a via, se é que posso dizer isso, da ética e, quebrando-se no momento da aparição do Terceiro (de um outro Outro), conduz à Justiça, ou seja, à igualização dos homens e à sua necessária *comparação* perante a Lei. Voltaremos ainda a esse ponto.

A Assimetria

Lévinas denuncia vigorosamente a espera de uma reciprocidade na responsabilidade-para-com-outrem, a espera de um *receber* em troca de um *dar*.

> Eu sou responsável por outrem sem esperar a recíproca, ainda que devendo custar-me a vida. A recíproca é com ele. É precisamente na medida em que a relação entre outrem e eu não é recíproca que eu sou sujeição a outrem; e eu sou "sujeito" essencialmente nesse sentido […]. O eu sempre tem uma responsabilidade *a mais* que todos os outros. (*Ética e Infinito*)

O que eu posso – o que eu devo – exigir de mim mesmo, o sacrifício para-com-outro até morrer por ele, eu não posso, de maneira nenhuma, exigi-lo de outrem em retorno; porque o que sucede [*arrive*] a outrem é sempre mais importante do que sucede a mim, pois outrem se esquiva de toda captura, transcendendo "a ordem estabelecida" de meu saber, eu só posso aceitar uma oferenda, aquela de sua fraqueza, e agradecer-lhe por poder ser-responsável-para-com ele, sem que ele me peça isso, mas porque eu sou eleito pelo Bem para servir outrem. Juramento de obediência a outrem feita *em meu nome, a despeito de* mim, que conduz a um desequilíbrio entranhado na relação com outrem: indulgência para com ele, exigência para mim. A Justiça temperará essa desigualdade, pois nós estamos fora do face-a-face, igualmente cidadãos perante a Lei, iguais tanto em direitos como em deveres.

O Eu-Tu

À relação de cumplicidade, de amizade ou de amor do Eu-Tu (relação dual e dominada, jogo amoroso), Lévinas substitui a relação sempre *à distância* do Eu-para-com-Outro (infinitamente mais difícil e dolorosa, pois sem "partilha de tarefas", sem delegação possível). Nisto, ele se opõe a Martin Buber que, se pensou igualmente na relação com outrem como relação – sem união – com uma pura alteridade, uma "transcendência", também não deixou de estabelecer uma reciprocidade no Eu-Tu: face a outrem, o Eu se torna um Tu. Para Lévinas, isso não ocorre. É na Justiça, fora do face-a-face, que eu me torno "um outro para com os outros". Mas face a Ti, ou melhor, face a Vós, Eu sou o devedor, o servidor e o responsável. Jacques Derrida resume claramente as reticências de Lévinas em relação ao pensamento do Eu-Tu de Buber:

> Lévinas reprova no pensamento do Eu-Tu: 1. De ser recíproco e simétrico, cometendo assim violência contra à altura e sobretudo à separação e ao segredo; 2. De ser formal, podendo "unir o homem às coisas tanto como o Homem ao homem" (*Totalidade e Infinito*); 3. De preferir a preferência, a "relação privada", a "clandestinidade" do par "bastando-se ou esquecido do universo" (*Totalidade e Infinito*). Pois há igualmente no pensamento de Lévinas, apesar do protesto contra a neutralidade, uma demanda do terceiro, da testemunha universal, da face do mundo que nos guarda contra o "espiritualismo desdenhoso" do eu-tu. (*A Escritura e a Diferença*)

Nenhum reconhecimento pode ser exigido de outrem no tocante às minhas benfeitorias, que jamais são suficientes, que jamais hão de exaurir o Bem, mas, ao contrário, abrem sob meus passos o abismo de "tudo o que resta a fazer". Nenhum ato ou palavra (parole) de Bondade – quaisquer que sejam sua intensidade e sua sinceridade – não me tornará "bom". Pois eles procedem ainda do cálculo, da medida. "Dar, ser-para-com-o-outro, apesar de si, mas interrompendo o para-si, é arrancar o pão de sua boca, matar a fome do outro de meu próprio jejum"[1]. Paremos, releiamos e atentemos para a frase: "Matar a fome do outro

---

1. Isto é, a fome que meu próprio jejum tem do outro. (N. da E.)

de meu próprio jejum". Eis o que me demanda a Bondade, a totalidade de mim mesmo, que tem por única resposta a ingratidão do outro, reforçando a gratuidade desse sacrifício sem recompensa.

A Bondade

> *O amor também deve ser aprendido.*
>
> NIETZSCHE, *A Gaia Ciência*

Uma precisão se impõe na abertura desse capítulo que dissipará, assim espero, toda leitura ingênua de Lévinas, quando afirma, em fórmulas que ele próprio reconhece como extremas e impossíveis de destacar de seu contexto, a gratuidade e o desinteresse da Bondade, ou "o justo sofrimento em mim pelo sofrimento injustificável de outrem", "Paix et proximité" (Paz e Proximidade), em *Cahiers de la nuit surveillée*, n. 3.

É a presença desse elemento de bondade – exigência para si, indulgência para outrem – que torna justa e humana a Justiça. Se esse elemento vem a desaparecer, a Justiça nada mais é do que uma força cega, perigosa. Mas, e é preciso sublinhar este ponto, a Justiça deve continuar rigorosa, inflexível; ela julga com toda imparcialidade e eqüidade. Somente *após* a Justiça, a Bondade pode intervir novamente. É o que permite tratar o culpado com humanidade. Lévinas insiste na importância, por exemplo, de dar aos presos a televisão em suas celas… Humanizar a Justiça, ter consciência de que a Justiça jamais é *suficientemente* justa…

Face ao rosto de outrem, fraco e nu, nascem dois sentimentos contraditórios: a violência (machucar outrem) e a bondade (tomar conta dele).

Na assimetria do Eu-Tu, o rosto de outrem enunciava um "Não matarás" puramente moral. De fato, eu *posso* matar outrem, mas uma lei não editada – um interdito – me impede de fazê-lo. Ao mesmo tempo, "Outrem é o único ser que se pode estar tentado a matar. Essa tentação de infligir a morte e essa impossibilidade de matar constituem a própria visão do rosto", *Difícil Liberdade*. O rosto de outrem é, pois, o que rompe a violência, entendida não mais como pulsão assassina, mas como uma despreocupação, uma indiferença, um egoísmo. "É violenta toda ação em que se age como se a gente fosse o único a agir", escreve Lévinas como que em eco a Kant e seu imperativo categórico ("Aje unicamente segundo a máxima que faz com que tu possas querer ao mesmo tempo que ela se torna lei universal", *Fondements de la métaphysique des moeurs* (Fundamentos da Metafísica dos Costumes). Pois eu jamais estou só no mundo, outrem já está sempre aí, obrigando-me a ser bom, opondo-me a fraqueza de seu rosto à minha violência de sujeito forte, minha vaidade de sujeito livre. A violência (o Mal) é posta em perigo pela Bondade, mais grave, mais antiga que o próprio ser.

A Bondade. Sem dúvida a palavra do vocabulário levinasiano mais difícil de entender-se, a ponto de parecer depreciada nos dias de hoje em que o individualismo e o egotismo orgulhosos se impõem como os últimos valores de um Ocidente que assim mascara suas chagas e seus temores, e tenta, por esta simulação, esquecer, em vão, seu mal-estar e sua má consciência.

O que é que Lévinas entende exatamente por essa palavra "Bondade"? A Bondade não se contenta com um querer-fazer-o-bem. Não é uma caridade calculada e destilada cuidadosamente em pequenas doses que esperaria um reconhecimento, e até um cumprimento. Esses atos de bondade devem ser ao contrário praticados na gratuidade e na consciência de sua insuficiência. Eu jamais sou bom o suficiente uma vez que outrem continua sofrendo.

Mas essa bondade, essa gratuidade não são tampouco cândidas, pois a partir desse momento seriam ineficazes: "É preciso desejar o bem de todo o coração e, ao mesmo tempo, não desejá-lo simplesmente no ingênuo impulso do coração", afirma Lévinas.

42

A bondade não se traduz por idéias ou óbolos, mas por uma atitude de vida, uma preocupação com o outro vivenciada no cotidiano, permanentemente, na excelência de uma relação social plena, generosa, em que o outro não é considerado como um meio de fazer-se valer (*faire-valoir*) – prova viva de minha benevolência –, mas como o fim em si de toda a positividade que está em mim, aquela diante da qual eu me apago, aquela que me faz me esquecer...

"Bom dia", "Por favor, o senhor primeiro", "As suas ordens"... tantas fórmulas aparentemente anódinas, empregadas centenas de vezes por dia sem assombro, e que traduzem uma preocupação com outrem, uma preocupação ética subjacente a toda vida em sociedade – e a todo ser humano, pois é sua humanidade. Essa preocupação, a filosofia de Lévinas a ressaltou e interrogou, até esclarecê-la de maneira inédita.

O Amor, a Solidão

> *Senti pela primeira vez o amor que se pode ter*
> *por algum estrangeiro, por um desconhecido*
> *que, de repente, vos é próximo.*
>
> WILLIAM GOYEN, *Précieuse Porte.*

"O absoluto do amor é na realidade um desejo de identidade absoluta", escreve Kundera. Desejar uma identidade absoluta pode significar: querer ser idêntico ao outro, querer unir-se a ele, ou então querer tornar-se para o outro um ser à parte, inteiro, uma individualidade que, no amor pelo outro, encontra sua plenitude e um sentido, um nome – um prenome – um Rosto. Lévinas, refutando essas duas maneiras de pensar o amor, situando-se ao mesmo tempo em relação a elas, nos propõe um amor realmente para-com-o-outro em que nenhum poder (nenhum saber) se exerce, em que o outro é amado em (e não *por*, romanticamente) sua alteridade, sua invisibilidade, sua "estrangeiridade".

Citarei aqui esses dois movimentos de amor – dever-se-ia dizer de paixão? – que me fascinam e me inquietam, fascinação e inquietude distantes – ainda que sugeridas por elas – das interrogações de Lévinas que se surpreende muito mais com o amor dedicado ao Estrangeiro, mistério – milagre – efetivamente maior, e mais *humano* talvez, que a simples paixão amorosa.

O primeiro movimento, o desejo de união, é imediatamente rompido pois no amor (Eros), mais ainda do que em qualquer outra relação, o outro se esquiva de mim, de meus carinhos, de meus olhares, de minhas palavras. O amor poderia ser definido desse modo: a revelação, na impossível união dos corpos, da alteridade inalterável de outrem, sua ausência no imo profundo da proximidade, o alhures que ele representa sempre na própria fulguração da fruição. "O Eros", escreve Lévinas, "é a relação com a alteridade, com o mistério (…), com aquilo que, em um mundo onde tudo está aí, nunca está aí", *O Tempo e o Outro*. Os verbos do amor devem entender-se no negativo: não possuir, não penetrar, não se doar, não prender ninguém. O amor que quer a união – a ilusão, inteiramente platônica, do tornar-se-Um – transforma-se em dor; querendo juntar-se ao outro, entrar no lugar fechado de sua solidão, eu me choco com ele, corpo a corpo, solidão contra solidão. "O patético da volúpia está no fato de ser dois. O outro enquanto outro não é aqui um objeto que se torna nosso ou que se torna nós; ao contrário, ele se retira em seu mistério", *O Tempo e o Outro*.

O segundo movimento, nascido de uma lassidão de si, da solidão vivenciada como carência, é um pedido de remate. Mas o amor não me realiza, ele me conduz ao limiar de um segredo que nenhuma nudez desvela; mistério de outrem além do corpo dado em que outrem se fecha, se recusa. "O amor não conduz simplesmente, por um caminho com mais desvios ou mais direto, para o Tu. Ele se dirige a uma outra direção do que aquela na qual a gente encontra o Tu", *Totalidade e Infinito*. Eu não devo buscar o amor no amor ou me amar no amor, mas amar o

44

outro, ser para ele. Atenção e respeito são compatíveis com a paixão? Lévinas não esquece aqui – para transportá-los a outro ponto – o "triste furor", a "dolorosa curiosidade" que fazem do apaixonado um ser à beira (Racine) da loucura, a ponto de falhar? Pois aquele que ama quer sempre egoisticamente: o amor, o amor do outro. É talvez precisamente nessa espera ardente que nada apazigua – o lugar que escavas em mim, esse vazio que te pertence – que o outro pode, sem responder à espera, introduzir-se e, de uma maneira subterrânea – o verdadeiro trabalho da morte –, absorver-me *do interior*. Pois o desejo não se realiza na fruição; ao contrário, o fruir-de faz experimentar a distância infinita, a ausência em que outrem pode sempre se refugiar. De súbito, esse "alhures", esse olhar que me reenvia à minha solidão, a meu corpo fechado, miserável e impotente.

Ao invés de preencher minha solidão, o amor a exacerba: eu gostaria de escapar de meu corpo a fim de ir na direção de ti totalmente. Esquecer-me para encontrar-te. Em vão! Na paixão, o outro – que é o Exterior, o Estrangeiro – assombra a partir *do interior* aquele que ama. E nenhum conhecimento do corpo amado (Proust), nenhum carinho fará coincidir minha imagem (meu imaginário) com o que o outro é (seu estar-só). É preciso admitir e fazer dessa impotência de possuir, de compreender, o sacrifício que o amor exige para poder ser vivido. "O que se apresenta como fracasso da comunicação no amor constitui precisamente a positividade da relação; esta ausência do outro é precisamente sua presença como outro", *O Tempo e o Outro.*

Lévinas desconfia do amor-paixão, feito de preferência e de absoluto – e de uma certa parcela de falsa ingenuidade –, erigindo um Tu inacessível e glorioso que faz do Mim (*Moi*) um mártir da relação Eu-Tu, uma relação que quer estar longe da "miséria do mundo", enclausurada em um anel de despreocupação, a esfera íntima em que os apaixonados crêem poder "viver para sempre"... A esse "Nós-dois" um pouco em desuso, Lévinas prefere um "Nós-todos" no qual o Outro é também e, primeiramente, um "outro para com os outros" e é amado como *estrangeiro*, não como *familiar*. Só então a Bondade pode se exercer, sem medo nem orgulho – gratuitamente –, com o assentimento de uma Justiça que en-cara outrem, o julga e, inocentando-o ou acusando-o, o reconduz sempre ao seu lugar singular de homem a ser amado e respeitado.

O amor não é uma evasão fora de si nem uma preensão de outrem. É uma acolhida, uma doação. "Venha" seria a palavra soberana do amor, a confissão vibrante de sua paixão. "O sujeito é um hóspede", *Totalidade e Infinito*.

A Justiça

> *De novo tu te tornas ele.*
>
> PAUL CELAN, *Poemas.*

A Justiça é necessária para que o ato de outrem seja julgado objetivamente (sem cegueira) não por Mim (um Eu (*Moi*) que se erigiria em juiz e se tornaria rapidamente um Carrasco, Chefe temido sem ser respeitado), mas "por todos os homens". A Justiça representa esse "todos os homens", ela se estabelece no mesmo tempo que a relação inter-humana e não consecutivamente. Por ela, o Tu se torna ele, ou seja, outro para os outros, objeto de saber, de inquérito, de comparação, rosto en-carado[2]. "Outrem é de pronto o irmão de todos os outros homens. O próximo que me obseda já é rosto, ao mesmo tempo comparável e incomparável, rosto único e em relação com outros rostos, precisamente visível na preocupação da Justiça", *Outramente que Ser ou Além da Essência*.

A Justiça rompe a relação Eu-Tu que começava a instaurar privilégios e preferências, ela é "a entrada do terceiro – entrada permanente – na intimidade do face-a-face",

---

2. Jogo de palavras do francês *visage dé-visagé*. (N. da T.)

Totalidade e Infinito, ela me obriga a ocupar-me de um outrem que nada é para mim, e obriga outrem a ocupar-se do terceiro que é o outro de *meu* outro. "O terceiro me olha nos olhos de outrem", *Totalidade e Infinito*.

A Justiça: igualdade e fraternidade dos homens. Mas quantas desigualdades, excessos foram cometidos em nome da Justiça? Quantos homens são mortos em nome de uma Lei que um grupo se apropriou e remodelou de acordo com suas próprias concepções? Frágil justiça. Somente proteção. O que faz com que valha a pena que lutemos para restaurá-la onde ela se perde, instaurá-la onde ela não mais é ou está. Essa é sem dúvida a tarefa primeira e última da filosofia. Que nos seja permitido fazer ouvir assaz longamente, em nota final, a voz de Emmanuel Lévinas, que afirma – e é preciso que seja nesses "tempos sombrios" (Hannah Arendt) – essa importância-*aí* da filosofia.

A justiça só permanece justiça em uma sociedade em que não haja distinção entre próximos e distantes, mas em que permaneça também a impossibilidade de passar ao lado do mais próximo; em que a igualdade de todos seja sustentada por minha desigualdade, pelo excedente de meus deveres sobre meus direitos. O esquecimento de si move a justiça [...]. Responsabilidade para com os outros ou comunicação, aventura que sustenta todo discurso da ciência e da filosofia. Nesse sentido, essa responsabilidade seria a própria racionalidade da razão ou sua universalidade, racionalidade da paz [...]. O extra-ordinário comprometimento de Outrem com respeito ao terceiro chama ao controle, à busca da justiça, à sociedade e ao Estado, à comparação e ao ter, ao pensamento e à ciência, ao comércio e à filosofia e, além da anarquia, à busca de um princípio. A filosofia é essa medida levada ao infinito do ser-para-com-o-outro da proximidade e como a sabedoria do amor. (*Outramente que Ser ou Além da Essência*)

Filosofia moral e moral da filosofia. Essa será nossa conclusão.

3. MORAL DA FILOSOFIA

Lévinas rompe com uma tradição filosófica que, de Platão a Hegel, conduzia de volta o Outro ao Mesmo no saber-poder do pensamento. Essas filosofias, ao pensar no Outro, queriam neutralizar sua alteridade. Pensamentos da totalidade, pensamentos totalitários? Lévinas afirma a impotência de "pensar no Outro" como benfazeja, e, situando o momento ético (encontro de outrem) antes do ontológico (triunfo do ser), ele se desprende igualmente do pensamento heideggeriano que liga o Outro ao ser.

O Outro é *outro*: tal seria o assombro primeiro e último de Lévinas. É nessa afirmação que se edifica sua filosofia que pretende ser "sabedoria do amor a serviço do amor". Essa proposição-definição exprime uma exigência: se a filosofia quer compreender a humanidade – o humanismo – do homem, ela deve, sem pudor nem ênfase, colocar-se "a serviço de" esse mistério – o Outro –, [d]esse milagre – o amor – e não mais só querer uma *generosidade* do Mesmo para com o Outro e uma *ingratidão* do Outro para com o Mesmo. Pois "a gratidão seria precisamente o retorno do movimento à sua origem", *Humanismo do Outro Homem*.

Difícil de resistir, nessas últimas linhas, à tentação de inferir da filosofia de Lévinas preceitos morais ou regras de vida. Entretanto, nada mais estranho para Lévinas que a fala mestra [determinante], a predicação, a fácil asserção. Buscando, no entusiasmo e no tormento, qual via nova poderia levar os homens à Paz, ele se recusa a envergar a indumentária oficializante – a camisa-de-força – de "Grande Filósofo". Nós não devemos constrangê-lo, mas respeitar a incessância de sua interrogação que a sua própria escritura traduz, de cuja extrema beleza talvez não tenhamos dito o suficiente, escritura em espirais que, como uma onda, retorna incansavelmente, sempre com força, essa obsessão pelo Outro que no amor – entendido não como movimento sentimental porém como bondade gratuita e primeira – se revela *o absolutamente outro*.

A moral da filosofia enuncia um "sim" ao Outro. Sim à sua ausência. Sim à sua indiferença. Sim à fraqueza do pensamento. Sim à renúncia. Sim a meu sofrimento por outrem e sim à minha morte. Sim ao bem de outrem. Sim ao sacrifício e à doação. Sim ao amor e à moral do amor.

A maravilha da criação não consiste somente em ser criação *ex nihilo*, mas em findar em um ser capaz de receber uma revelação, de ficar sabendo que foi criado, e de se pôr em questão. O milagre da criação consiste em criar um ser moral. (*Totalidade e Infinito*)

4. ENTREVISTAS*

FRANÇOIS POIRIÉ: *O senhor nasceu em 1906 na Lituânia. Como foi sua infância?*

EMMANUEL LÉVINAS: Infância muito curta, se assim se pode dizer, até o começo da guerra. Pouquíssimas lembranças. As coisas voltam em desordem ao espírito: as festas do terceiro centenário da casa dos Romanov com todo o barulho que bruscamente punha em polvorosa essa pequena cidade do interior. Eu me lembro também, mas isso foi antes, da notícia da morte de Tolstói.

Em seguida, a partida da família para fora da zona fronteiriça que era a Lituânia, o começo da guerra, a migração, na expectativa do fim do conflito, através de diversas regiões da Rússia, as imagens se embaralham na mudança de cenário e as lembranças se arriscam a ser mais sabidas

---

*. Realizadas entre abril e maio de 1986. (N. do A.)

do que rememoradas. Em 1916, a cidade de Kharkov, na Ucrânia, onde os refugiados se instalaram. A guerra de catorze jamais teria fim; a revolução e os distúrbios pós-revolucionários, a guerra civil, tudo isso se funde com a guerra de 1914.

A que meio social pertencia a sua família?

Meu pai tinha uma livraria em Kovno. Era uma cidade sede da prefeitura, sede de governo, como chamávamos na Rússia. Havia também ginásios, ou seja, liceus.

Meu pai tinha uma clientela da chancelaria e do liceu. Uma livraria com uma prateleira de papelaria, mas o principal era a livraria. Período de febre, período de encomendas, no começo dos anos escolares provavelmente, tudo isso me vem à memória.

O que se lia?

Nenhuma lembrança. Mas eu revejo um pouco o conjunto. Essa cidade provinciana era mesmo uma capital. A Alemanha – a Europa, como se dizia lá, respeitosamente – estava bem perto: a rua principal era chamada de *prospekt* Nicolau, e virou, na Lituânia independente que nós conhecemos depois, a avenida da Liberdade, da Liberdade que chegava depois do fim da dominação russa.

Mal dá para imaginar qual era o clima de uma família como a sua.

Um pouco reflexo da estrutura da cidade. Havia a cidade velha e a cidade nova. A cidade velha era habitada em grande parte por judeus. Não era um gueto. Não havia gueto naquele país, mas os judeus eram antigos cidadãos de Kovno e ali tinham adquirido suas casas, tornando-se vizinhos uns dos outros. Muitas sinagogas, muitos locais de estudo. A cidade nova era realmente mais nova. Quando se pronuncia a palavra Lituânia, talvez não se saiba que ela designa uma das partes dessa Europa Oriental, onde o judaísmo conheceu seu mais alto desenvolvimento espiritual: o nível do estudo talmúdico era muito elevado, e havia toda uma vida baseada nesse estudo e vivida como estudo.

De maneira nenhuma era um judaísmo místico, o intelecto estava em guarda, pelo contrário, ele se prendia à dialética do pensamento rabínico por meio dos comentários dos comentários que se desenrolam ao redor do *Talmud* e no *Talmud*. É o país do famoso Gaon de Vilna do século XVIII, o último grande talmudista de gênio. As formas intelectuais mais abertas sobre cultura geral e civilização moderna que já se haviam imposto em meu tempo não puderam apagar o prestígio desse passado. A geração de meus pais, tendo recebido, ao mesmo tempo, essa cultura e continuado a iniciar a juventude no hebraico, via o futuro dos jovens na língua e na cultura russas. Era esse o porvir, por mais incerto que fosse. Na casa de meu pai, e em todas as famílias de sua geração, falava-se russo com os filhos, e a importância da cultura russa permanece muito grande a meu ver, isto vem de longe. Os autores russos, como Púschkin, Gógol, Dostoiévski, Tolstói, mantêm em meu espírito todo seu prestígio apesar de todos os deslumbramentos de minha vida ocidental.

Uma anedota apenas: há alguns anos recebi a visita de um israelense originário da Europa Oriental. Ao entrar em minha casa, ele vê nas minhas estantes a obra completa de Púschkin: "Dá pra ver imediatamente", disse ele, "que estamos em uma casa judia!". O indício era de fato bastante claro e objetivamente válido.

E as relações eram fáceis e sem drama entre o Estado russo e essa comunidade judaica?

Sabe, isso se passava, igualmente, sob um regime em que os judeus não eram cidadãos ou eram cidadãos de segunda zona, em que sua permanência na Rússia era limitada às províncias limítrofes do Império.

Para morar em Moscou era preciso ter, naquela época, uma dignidade especial, seja como alguém saído da universidade, seja, por exemplo, como comerciante, pertencer aos comerciantes "de primeira guilda" etc. Limite importante imposto às possibilidades de desenvolvimento e de emancipação. Mas, pelo menos naquela época – e comparado a todo o caos do pós-guerra na Ucrânia, onde minha família viveu até 1920, onde ora vinham os russos brancos ora os vermelhos, ora de novo os brancos e ora os nacionalistas ucranianos –, minha infância sob o regime tsarista foi, e assim permanece na memória, feliz e harmoniosa...

Tem-se a impressão de uma vida extraordinariamente tranqüila. Isso era assim tão simples para a comunidade judaica?

Mas assim mesmo era possível manter aí um elemento de paz, e uma infância podia ser aí preservada de choques. Com certeza o senhor tem noção da vida e da condição social dos judeus na Europa Oriental. Ela é, de qualquer maneira, diferente da agitação que começava em fins de agosto de 1914 e que jamais parecia terminar, como se a ordem fosse para sempre perturbada.

O senhor tinha conhecimento dos pogroms?

Sim, eu sabia, mas isto se passava "alhures" naquela Rússia tão vasta. A Lituânia foi poupada. Não tenho lembrança mesmo de nenhum *pogrom* na própria Lituânia. A população lituana era bastante tranqüila. E, apesar dos horrores anti-semitas que ali ocorreram depois da ocupação nacional-socialista em 1941, a *intelligentsia* lituana se mostrou muitas vezes corajosa.

O judaísmo polonês conservou lembranças menos pacíficas, mas todos esses países ao longo do Báltico – que se tornaram, em 1919, três Estados independentes, Estônia, Letônia e Lituânia – gozaram de uma certa paz e de uma certa ordem, de uma certa regularidade que meu relato talvez testemunhe, a não ser que isto seja o testemunho, suspeito apesar de minha inocência, de uma criança "burguesa". Eu sei o quanto a palavra é com freqüência, ou, naturalmente, horrível.

Voltando à sua família, seus pais eram muito religiosos?

Quando se era judeu nesses países, o ritmo da vida judaica dominava, nas casas dos judeus, o ritmo da vida pública, sem que se tivesse que tomar por isso uma decisão especial, naturalmente. Mundo onde a religião em suas manifestações essenciais estava presente como forma coletiva. Nenhuma vida social propriamente interconfessional, apesar da ausência de qualquer gueto. E eu me esqueço de mencionar: as tendências sionistas também eram perfeitamente naturais. O Estado judeu ainda era um sonho insistente e não apenas o sonho de uma noite. Nesse estado de espírito, não se podia – sobretudo naquela época – contestar a religião. Pouco se pensava nas formas extremas da religião. Na casa dos avós da cidade antiga: religião exaltando a vida cotidiana, mas em suas formas invariáveis.

Penso amiúde que o cristianismo – que só se nos apresentava em suas formas exteriores – devia ser vivido da mesma maneira. A Igreja ocupava um lugar central na vida cotidiana pública, mas também pertencia, a nosso ver, ao cotidiano sem solicitação nem tentações, sem entusiasmos litúrgicos.

O essencial do espiritual – e isso se mantém como "judaísmo bem lituano" – residia, para mim, não em suas modalidades místicas, mas em uma curiosidade muito grande pelos livros. Eu digo quase sempre, ainda agora, que mais interiores que a interioridade são os livros, o que não é de todo um paradoxo, mas supõe uma percepção de graus na interioridade e uma desconfiança em relação aos embustes inocentes e incultos.

A Bíblia foi uma leitura essencial?

Eu aprendi a ler o russo sem lições de leitura. Eu aprendi a ler o russo sozinho na etiqueta do cacau que se servia pela manhã, *kakao*, os dois *k* facilitaram a operação.

Desde os seis anos tive regularmente cursos de hebrai-co, mas já em uma "crestomatia" assim como para uma língua moderna: o hebraico, que já se julgava liberto do "império" dos textos religiosos; o hebraico moderno, tal como o hebraico bíblico, porém apresentado em um livro com figuras. Os textos bíblicos vieram, aliás, no mesmo instante. E era mesmo extraordinário, durante toda a mi-gração, em todas as etapas pelas quais passei, de Kovno a Kharkov na Ucrânia, o professor de hebraico – logo contratado – era, segundo a vontade de meu pai, como poderia dizer?: o primeiro elemento de conforto. Assim eu entrei no liceu, em Kharkov, aos onze anos, preparado só por aulas particulares. Era ainda o regime tsarista: fui admitido nesse liceu de Kharkov com quatro outros garo-tos judeus em toda a classe. Numerus clausus![1] E o ingresso no liceu foi celebrado em casa como uma verdadeira festa de família e uma promoção! Como um doutorado! Mas eu já conhecia a Bíblia que me foi ensinada desde Kovno: textos hebraicos que eu sabia traduzir, textos ensinados sem os famosos comentários que, mais tarde, se me afigu-raram como sendo essencial. Silêncio sobre os maravilho-sos comentários rabínicos, eram ainda uma homenagem à modernidade!

Como o senhor vivenciou a Revolução Russa?

Eu era, apesar de tudo, muito jovem em fevereiro de 1917, quando o tsar abdicou. Foi o principal acontecimen-to por muito tempo durante o ano que se seguiu à minha entrada no liceu. Eu fiz um ano lá sob o regime tsarista e sob o regime da revolução de fevereiro. Sem nada compreen-der a respeito de outubro. Eu não sabia situar exatamen-te: o primeiro bolchevismo, a constituição dos exércitos

---

1. Uma das formas de discriminação contra judeus e outros grupos nos ginásios e nas universidades consistiu na limitação de seu ingresso pelos órgãos públicos e acadêmicos, segundo cotas preestabelecidas. (N. da E.)

brancos no Sul, a guerra civil. Esses acontecimentos foram vividos com grande inquietação por minha família. Eles eram judeus e eram burgueses. O que a revolução russa representava os alarmava. E havia na família a antiga visão das coisas: o que importa acima de tudo na vida são os estudos! Mas, ao meu redor, grandes movimentos na juventude. Eu não permaneci indiferente às tentações da revolução leninista, ao novo mundo que estava por vir. Mas sem engajamento de militante.

Meus pais cuidavam muito bem dos filhos, sem rigor, sem violência, e queriam preservá-los de participações políticas. Em julho de 1920, a família aproveitou a primeira possibilidade que se oferecera de sair da Rússia para retornar à Lituânia. De 1920 a 1923, eu vivi novamente na Lituânia. O Estado lituano constituíra-se segundo todas as regras e com todas as garantias burguesas. Retorno ao normal com a impressão de que algo de importante estava faltando, que a História continuava sem mim na Rússia. Impressão que permaneceu comigo por muito tempo. Eu estava precisando de um mergulho no verdadeiro Ocidente e talvez na sua filosofia para me pôr a situar a Rússia em função da Europa. Eu não posso precisar mais as lembranças: não havia ainda stalinismo no país que acabávamos de deixar e que já era tão incompreensível para minha família. Ele conservava, em meu espírito, qualquer coisa de misterioso e de privilegiado. Foi como uma era messiânica que se entreabrisse e que se encerrasse. É nesse estado indeciso – apesar das evidências sionistas que estranhamente me pareciam inabaláveis – que me encontrei até o fim dos meus estudos secundários e até minha vinda para a França.

Em 1923, o senhor parte para a França. Por que a França?

Porque é a Europa! Escolhemos a França por causa do prestígio do francês. E, na França, a cidade mais próxima da Lituânia, Estrasburgo. E eu fui para Estrasburgo – não porque essa cidade tivesse sido reconquistada por sua pátria –, mas porque era a cidade mais próxima. E já devia haver nisso qualquer coisa de antipático na Alemanha daquela época, talvez a desordem da inflação e de suas ameaças em que a desordem era previsível, talvez pressentimentos.

Quando chega em Estrasburgo, o senhor dá início a seus estudos filosóficos.

Primeiro eu fiz um ano de latim, e depois comecei os estudos de filosofia.

Quem levou o senhor à filosofia?

Penso que primeiramente foram minhas leituras russas. Mais precisamente Púschkin, Lermontov e Dostoiévski, sobretudo Dostoiévski. O romance russo, o romance de Dostoiévski e de Tolstói, me parecia bem preocupado com coisas fundamentais. Livros percorridos pela inquietude, pelo essencial, a inquietude religiosa, mas legível como busca por um sentido da vida. O sentido da vida é uma expressão freqüentemente pronunciada no liceu a propósito dos heróis de Turguéniev. Bastante essencial isso. Romances em que o amor revela suas dimensões de transcendência já em seus pudores, antes das evidências do erótico, e nos quais uma expressão como "fazer amor" seria profanação escandalosa antes de ser indecência. O amor-sentimento dos livros foi, certamente, o motivo de minhas primeiras tentações filosóficas. Nos liceus da Lituânia, segundo a tradição russa, nada de filosofia, nada de aula de filosofia, mas, se quiser, abundância de inquietação metafísica. E, além do mais, no meu caso, também contribuiu a solicitação de textos judaicos que, desde minhas primeiras leituras de filósofo, se apresentam em meus pensamentos sem que eu os releia, e que pareciam me conduzir ao que chamo de filosofia. Não estou certo de que isso seja uma preparação a Platão e a Aristóteles, mas, em todo caso, eis o que corresponde a meus gostos pela filosofia geral.

Eu me lembro também de uma das coisas mais importantes quando de meus primeiros estudos e que tenho que sublinhar: eu freqüentava o curso de Maurice Pradines sobre as relações entre a ética e a política. E ele deu o caso Dreyfus como exemplo do ético vencedor do político. Uma impressão muito forte. Sabe, ouvia-se o nome de Dreyfus em todos os lugares, entre os judeus da Europa Oriental. Velhos judeus com suas barbas que jamais haviam visto uma letra latina em suas vidas falavam de Zola como de um santo! E depois, bruscamente, diante de mim, um professor catedrático escolhe isso como exemplo. Que mundo extraordinário! As quatro pessoas que eu conheci em Estrasburgo como professores de filosofia, mestres que reuniam, em meus olhos ingênuos ou, antes, perspicazes, todas as virtudes de nossa universidade, ficaram para mim como os verdadeiros homens, os inolvidáveis! Eu me lembro que na Sorbonne, na sessão de adeus, em 1976, ao tomar a palavra antes de passar para a aposentadoria, eu rememorei os quatro homens, quase que dizendo: "Esses eram homens!". Eis os nomes deles: Maurice Pradines, professor de filosofia geral, Charles Blondel, professor de psicologia bem antifreudiana, Maurice Halbwachs, sociólogo, morto durante a guerra, assassinado como mártir, Henri Carteron, morto prematuramente e professor de filosofia antiga, sucedido por Martial Guéroult, inesquecível, mas que não estava entre os quatro de meu primeiro pensamento. Charles Blondel logo se tornou um homem a quem eu podia dizer tudo, e Pradines, mestre admirável, muito mais frio, mas que falou tão bem de Dreyfus.

Em Estrasburgo, o senhor conhece Maurice Blanchot. Quem era esse homem? Ele escreveu sobre o senhor, e o senhor escreveu sobre ele mais tarde; existe uma comunhão entre seus pensamentos?

Nós estivemos juntos durante quase toda a minha permanência em Estrasburgo; talvez ele tenha vindo dois ou três anos depois de mim? Não posso descrevê-lo. Eu tive primeiro a impressão de uma extrema inteligência, de um pensamento que se apresentava como uma aristocracia, muito distante politicamente de mim naquela época – ele era monarquista –, mas nós tivemos acesso rapidamente um ao outro.

Ele me menciona por vezes em seus livros e me eleva bastante em todos os sentidos do termo. Quero dizer que eu me vejo muito elevado quando, em suas intervenções, ele se aproxima de mim. Sobre muitos pontos nós pensamos da mesma maneira. Ele atravessou uma evolução bem interior em que jamais houve a menor concessão, mesmo no que se refere a si. Impressão de um homem sem oportunismo. Ele viveu de uma maneira extremamente aguda e dolorosa a Ocupação; especialmente, ele salvou minha esposa durante a guerra quando eu me encontrava em cativeiro, e ele também viveu de uma maneira extraordinária o maio de 68! Ele sempre escolhia o caminho mais inesperado e mais nobre, o mais duro. Essa elevação moral, essa aristocracia entranhada do pensamento é o que conta mais e eleva.

Quais podiam ser as conversas desses dois jovens estudantes em Estrasburgo?

Eram coisas de filosofia, coisas literárias. Bem cedo, ele me fez conhecer Proust e Valéry; não falamos muito, se posso confiar na memória, do surrealismo. Nossas conversas tinham também a ver com o interesse que ele teve desde cedo por esses assuntos fenomenológicos dos quais me ocupei. Nas noções bastante abstratas, ele mostrava escapatórias inesperadas e as coisas tomavam novos destinos. De saúde sempre delicada, a gente sempre se perguntava, a seu respeito, como ele, com seus comprimidos, se saía e se livrava disto.

Ele foi também para mim como que a própria expressão da excelência francesa; não tanto por causa das idéias, mas por causa de uma certa possibilidade de dizer as coisas, muito difícil de imitar, e que aparecia como uma força muito elevada. Sim, é sempre em termos de elevação que falo dele.

O senhor sabia francês ao chegar em Estrasburgo?

Pouco, muito pouco!

Como o senhor se arranjou?

Ah, as línguas nunca são um obstáculo! No primeiro ano, eu lia Corneille, edição com notas, consultando sem parar um dicionário, e também, lembro-me bem, um romance de Georges Sand: também com o dicionário… Mas, quando cheguei, eu ainda pronunciava o *u* da palavra *guerre*.

É o solo dessa língua que é para mim o solo francês, o senhor compreende… Eu ainda falo muito bem o russo, suficientemente bem o alemão e o hebraico, leio em inglês, mas pensei muitas vezes, no começo da guerra de 1939, que se fez a guerra para defender o francês! Isso tem o ar de piada, mas eu pensava nisso seriamente: é nessa língua que eu sinto as seivas do solo.

Uma de suas grandes admirações francesas é Bergson.

Acredito que ele é absoluta e escandalosamente não-reconhecido agora, o que é uma ingratidão universal. Está esperando para sair do purgatório. Mas penso também que todas as novidades da filosofia dos tempos moderno e pós-moderno, e em particular a venerável novidade de Heidegger, não seriam possíveis sem Bergson.

Em que sentido o senhor praticou a filosofia de Bergson?

É preciso dizer que essa época da qual falo ao senhor, ou seja, durante os primeiros anos de meus estudos na França, de 1924 a 1930, era essa a filosofia ensinada como filosofia nova, e eu me mantive bastante fiel a essa sensação de novidade: na noção de duração, na noção de invenção, em todo questionamento da substancialidade e da solidez; o questionamento da noção de ser, um pouco além do ser e outro modo que ser, toda a maravilha da diacronia; a maneira pela qual, no homem de nossa época, o tempo não é mais simplesmente uma eternidade que se quebrou, ou a falha do eterno, sempre referindo-se ao sólido, mas, pelo contrário, o próprio acontecimento do infinito em nós, a própria excelência do bem.

Muitos momentos "técnicos" do discurso bergsoniano – sua luta com o associacionismo ou com a biologia mecanicista – me tocam menos do que a temporalidade, sua superioridade sobre o "absoluto" do eterno, e da qual a humanidade do homem não é produto contingente e sim efetuação original ou articulação inicial.

Em 1928-1929, o senhor vai a Friburgo-Brisgau seguir o curso de Husserl. Qual era o interesse nesse pensamento?

Era toda a aventura da fenomenologia que começava para mim, e um caminho que me parece – como se diz hoje em dia – "incontornável". Não sei por que não gostam dessa palavra; em russo, o simples termo "necessário" significa exatamente "aquilo que não se pode contornar". Eis como chegamos ao incontornável: eu estava no fim de minha licenciatura sem nenhuma decisão fixa quanto ao futuro, então comecei a olhar livremente ao meu redor e uma jovem, Gabrielle Peiffer, lia Husserl no Instituto de Filosofia de Estrasburgo; ela me aconselhou a ler esse difícil autor. Eu logo li *Les Recherches Logiques* (As Investigações Lógicas) com muita atenção e tive a impressão de ter alcançado não uma construção especulativa inédita a mais, porém novas possibilidades de pensar, uma nova possibilidade de passar de uma idéia à outra, ao lado da dedução, ao lado da indução e da dialética, a uma maneira nova de desenvolver "os conceitos", para além do chamado bergsoniano à inspiração na "intuição"; ao fato de que o olhar voltando-se sobre uma coisa é também um olhar que está coberto por esta coisa, que o objeto é uma abstração cegante quando o tomamos sozinho, que ele faz você ver menos do que aquilo que ele mostra, engendrando um discurso ambíguo; e em que se voltando para a consciência – para o vivenciado esquecido que é "intencional" –, quer dizer que é animado por uma visada a visar outra coisa que esse vivenciado mimetizado, e que, sempre idéia de alguma coisa, abre um horizonte de significações – descobre-se a concretude ou a verdade em que esse objeto abstrato se aloja. A passagem do objeto à intenção e da intenção a tudo o que essa intenção comporta como horizonte de visadas seria o verdadeiro pensamento e o pensamento do verdadeiro ou, se quiser, o mundo do que vos é dado no saber puramente objetivo. Eu formulo isso por vezes ao dizer que é preciso passar do objeto à sua entrada em cena, do objeto a todos os fenômenos que sua aparição implica. Esclarecer a objetividade por sua fenomenologia como o encenador que passa de um texto ao acontecimento concreto e é obrigado a prover toda a plenitude de aparências em que esse evento finalmente aparecerá ou será realmente visível. Trata-se, portanto, de evitar que a visão seja cegada pelo visto! Mas em que o essencial volte a entender bem e descrever bem as intenções secretas da intencionalidade. É essa nova atenção aos segredos, ou aos lapsos da consciência, que, de outro lado, o psicológico ou o objetivo revelam o sentido da objetividade ou do ser, que me pareceu rica de possibilidades. Certamente fui ver Husserl em conformidade com sua definição do filósofo como "eterno principiante em filosofia", mas, ao mesmo tempo, como já firmemente fixado na formulação de suas incertezas. Como se a um jovem, abordando um grande mestre, compreender a entrada na filosofia importasse mais do que os eternos debates, como se fosse preciso encontrar, sobretudo, seus primeiros passos, suas hesitações originais. Eu devia ser bem infantil ou bem ingrato. A grande coisa que encontrei foi a maneira como a via de Husserl era prolongada e transfigurada por Heidegger. Falando na linguagem de turista, tive a impressão de que fui até Husserl e descobri Heidegger. Por certo, jamais me esquecerei de Heidegger em suas relações com Hitler. Mesmo que tenham durado pouco, elas ficaram para sempre…

Mas as obras de Heidegger, a maneira pela qual ele praticava a fenomenologia em *Sein und Zeit* (Ser e Tempo) – eu soube imediatamente que se tratava de um dos grandes filósofos da história, como Platão, como Kant, como Hegel, como Bergson.

Eu nomeei aqui cinco, talvez cinco encruzilhadas da filosofia: a ontoteologia, a filosofia transcendental, a razão como história, a duração pura, a fenomenologia do ser distinto do sendo. Eu não tomo a sério essa maneira de reconhecer-se no espaço do pensamento, mas o que quer que ela possa ser, Heidegger nunca estará ausente dela.

O senhor se encontrou com Husserl! Quem era esse homem?

Eu disse anteriormente que ele me parecia por demais realizado, malgrado sua pesquisa. Ele havia terminado a pesquisa de sua pesquisa, para ser mais exato.

Certamente ele estimava que a pesquisa fenomenológica estava apenas começando, e que cada domínio descoberto dava ensejo a trabalhos de equipes que deviam continuar a investigação. Mas para a metodologia dos horizontes abertos, não havia mais surpresa aí. Nos manuscritos que se acumulam, encontramos – admiráveis em sua precisão e atestando uma acuidade genial do olhar – confirmações do que havia sido sugerido e pressentido em um certo momento. Essas sugestões recebiam consideráveis desenvolvimentos, frutuosos, mas elas próprias não me pareciam mais inesperadas. Podia-se por vezes estimá-las mesmo em suas publicações. Havia em seu ensino oral também qualquer coisa de já realizado, completo, pleno.

Se o senhor o questionasse, era difícil entrar em um diálogo. À sua pergunta, respondia sempre com um discurso bem estruturado, como uma conferência, sempre evocação dos famosos manuscritos nos quais o tema fora tratado. Mas talvez a linha de desenvolvimento não sacudisse, com freqüência você tinha a impressão, talvez errônea, que conhecia a sua ordem e que advinhava seu segredo. Em compensação, em Heidegger, sobretudo em *Sein und Zeit*, que ainda é da fenomenologia, cada página era uma novidade. Eu estou lhe contando impressões, não tenho de fato certeza de que elas fossem tão verdadeiras quanto sinceras. Husserl parecia menos convincente porque me parecia menos inesperado; é paradoxal ou infantil. Tudo parecia inesperado em Heidegger, as maravilhas de sua análise sobre a afetividade, os novos acessos ao cotidiano, a diferença entre o ser e o sendo, a famosa diferença ontológica. O rigor com o qual isso era pensado no brilho das formulações, absolutamente impressionantes. Até o presente, isto é amiúde mais precioso do que as últimas conseqüências especulativas de seu projeto, o fim da metafísica, os temas da *Ereignis*, o *es gibt* em sua misteriosa generosidade. O que me fica de Heidegger é a aplicação genial da análise fenomenológica descoberta por Husserl e, infelizmente, o horror de 1933.

Dá vontade de saber que gêneros de relações de mestre com aluno o senhor podia ter com pessoas como Husserl ou como Heidegger?

Husserl, eu o conheci já bastante idoso; freqüentava sua casa, onde dava aulas de francês para a senhora Husserl que, muito amável e generosamente, as havia solicitado a mim. Um respeito muito grande, na consciência de assistir – apesar das decepções que nem sempre eu confessava – a um momento importantíssimo – ao Julgamento final – do pensamento.

E de Heidegger, quais são suas lembranças?

Nada de relações pessoais fora das aulas e dos diálogos de seminário. Eu pude assistir ao famoso encontro em Davos, em 1929, onde Heidegger falou de Kant e Cassirer falou de Heidegger; Cassirer, o neokantiano, discorreu sobre *Sein und Zeit* e a respeito de Heidegger interpretando Kant. Lá, podia se ver Heidegger fora da moldura de sua cátedra. Encontro que ficou memorável. Eu também guardei a lembrança de um espetáculo de revista organizado por estudantes, no qual tive que fazer o papel de Cassirer, enquanto o de Heidegger havia sido confiado ao depois professor Bolnow; eu tinha naquela época uma abundante cabeleira muito escura, e me puseram muito pó branco nos cabelos a fim de evocar o nobre penteado grisalho do mestre, e em Bolnow, que hoje também deve estar aposentado, eu pude colocar na sua boca a réplica que me parecia caricaturar os achados etimológicos de Heidegger: "Pois interpretar não é pôr uma coisa que não tem em cima embaixo?" (*Weil* interpretari *heisst eine Sache auf den Kopf Stellen*: Pois *interpretari* significa colocar uma coisa sobre a cabeça embaixo).

O que representava, de um ponto de vista filosófico, esse encontro entre Heidegger e Cassirer?

Provavelmente, na época mesma desse encontro, o fim de um certo humanismo, mas hoje talvez uma antinomia intransponível, e de uma profunda antiguidade, de nossa civilização e da filosofia… e o retorno eterno de Cassirer humanista refinado e patrício no seu modo de ser, neokantiano, glorioso discípulo de Hermann Cohen, intérprete moderno de Kant a partir da inteligibilidade das ciências, bastante próximo de nosso Leon Brunschvicg; e, como ele, na continuidade do racionalismo, da estética e das idéias políticas do século XIX. Muito distanciado do positivismo e do cientificismo, banal é claro, mas que se sentia convencido, talvez, como nosso mestre Leon Brunschvicg, que a invenção na matemática era a própria vida interior e que o pensamento sobre a inevitabilidade da morte não é o primeiro pensamento de um filósofo... Porém, hoje, talvez também em espíritos como o de Blanchot – em um espírito como Blanchot – coexistam e conversem as duas almas que em qualquer outro lugar não se entenderiam ou se escutariam.

Do outro lado, havia Heidegger, o filósofo que não partia da ciência exata, da ciência físico-matemática tomada como fonte da inteligibilidade e como sentido do pensamento. Mas o Heidegger de Davos me retorna por meio do Heidegger de Friburgo, aquele do ser entendido a partir de sua forma verbal, como acontecimento de ser e como aquilo que aí vai para o homem. Sentido necessário ao entendimento de todo sendo. Para Heidegger, a ciência é certamente uma das modalidades do inteligível – mas uma modalidade já derivada. A origem, ele a buscava no homem sendo, cujo ser consiste precisamente em entender o ser, e portanto de modo algum a partir do ponto em que o ser do sendo toma um sentido. Há aí uma nova via, uma radicalização da interrogação filosófica, uma prioridade em relação à reflexão sobre a ciência físico-matemática.

Pensamento cuja ressonância sobre toda a filosofia de nosso século é conhecida.

Um novo ponto de afluição do pensamento grego, que não aparecia unicamente como a alvorada da ciência moderna, mas como despertar da questão do ser, e talvez também como lugar de seus primeiros extravios.

Mas sempre também extravios que atestam itinerários a seu modo necessários em sua ambigüidade, e também errâncias necessárias e dramáticas; jamais simples erros ou desvios. O novo patético do pensamento.

Uma paixão da origem do sentido em uma direção diferente da orientação cartesiana e kantiana que vê nessas orientações relés do ontológico. Problemas mais importantes e mais fundamentais do que os da fundação das ciências.

E isto se deu em forma de diálogo?

Em Davos, em forma de diálogos e em forma de uma série de conferências opostas ou de simples trocas de palavras, eles falaram cada um por sua vez, houve algumas perguntas, algumas sessões de debates, creio. Um jovem estudante podia ter a impressão de que assistia à criação e ao fim do mundo.

Sentia-se um grande frêmito?

Certamente! Cassirer representava uma ordem que ia ser desfeita. Tem-se agora uma certa distância de perspectiva que talvez falseie as lembranças; eu acho que Heidegger anunciava um mundo que ia ser subvertido. O senhor sabe ao que ele iria se juntar três anos mais tarde: seria preciso, assim mesmo, ter o dom da profecia para pressenti-lo ainda em Davos. Eu pensei durante muito tempo – no curso dos anos terríveis – que eu o havia sentido então, apesar de todo o meu entusiasmo. O juízo de valor efetuado sobre um e sobre outro certamente teve de mudar com o tempo. E sempre fiquei com muita raiva de mim mesmo, durante os anos hitlerianos, por ter preferido Heidegger em Davos.

Isso pode soar anedótico, mas que tipo de pessoa era Heidegger?

Resposta difícil essa. Ele falava a meus ouvidos oculto por sua grandeza! Ele me parecia bastante autoritário, possuía uma fala muito ouvida, saber que ela era sempre bastante ouvida, não dogmática, por certo, mas enunciando sua verdade, de uma maneira forte. Como ele derrubava tudo! Mas sempre derrubava alguma coisa! Não muito alto, sempre andava em traje de esquiador.

Como o senhor explica a atitude de Heidegger frente ao nacional-socialismo?

Eu não sei… Essa é a parte mais negra de meus pensamentos sobre Heidegger e da qual me é impossível esquecer. Talvez Heidegger tivesse o sentimento de um mundo que se decompõe, mas ele acreditou em Hitler durante algum tempo, em todo caso. Como isso é possível? É preciso ler as lembranças de Löwith, durante um longo momento!

Sua voz firme e categórica voltava a me soar, quando eu escutava Hitler no rádio. Quem sabe também houve um determinismo familial; a senhora Heidegger era, desde cedo, hitlerista.

A gente tem a impressão de um corte entre seu período de Estrasburgo e o que o senhor era antes de Estrasburgo, alguém que aprendia hebraico e lia a Bíblia.

Durante meus anos de estudo em Estrasburgo, eu não levava muito longe minhas leituras hebraicas, eu lia muito menos este tipo de literatura. Foi um pouco mais tarde que comecei a voltar. Mas não houve nenhum corte, jamais houve um abandono.

Não houve crise, eu simplesmente estava tomado pelas coisas novas que tinha para aprender; muito francês também. Não se esqueça, tinha muito francês a aprender. Eu fui reconduzido, é curioso, em Estrasburgo ainda sob a impressão das Santas Escrituras, por uma paixão pelos estudos medievais que se havia desenvolvido em meus camaradas católicos ao contato com Henri Carteron, o professor de que lhe falei antes. Henri Carteron morreu prematuramente, e eu dediquei à sua memória meu primeiro livro sobre Husserl. A cujo redor, Santo Tomás, em particular, tomara grande importância. E eu disse a mim mesmo: é preciso, assim mesmo, não esquecer meus próprios textos; meu interesse pelos estudos judaicos se reavivou com meu intuito de pesquisa completamente externa ao judaísmo propriamente dito. Mais tarde, voltando em férias para a Lituânia em particular, retomei contato com a biblioteca tradicional, com os estudos judaicos. Eu jamais os havia abandonado, mas eles não tiveram no início influência conscientemente confessada em meus estudos filosóficos.

Eu me dizia: há aí pontos a explorar, cantos mais misteriosos nos quais eu não acreditava antes, quando a leitura dos profetas, com meus professores permanentes, começava a me parecer um pouco escolar demais.

Mas essas não foram reais cesuras, nem reais retomadas. Foi muito mais tarde, ao encontrar algumas pessoas excepcionais dotadas de altíssima cultura hebraica, que comecei a consagrar a isso muito mais de meu tempo, a interessar-me nisso de uma maneira muito mais direta.

Nunca como a um objeto, mas sempre como a minha própria substância.

Quais eram as relações de Husserl com Heidegger?

Husserl estava persuadido de que Heidegger continuava seu discípulo, e foi somente pouco a pouco, creio eu, que ele constatou que Heidegger não ensinava a "redução transcendental". Há uma carta de Husserl a um de seus alunos em que relata seu desencantamento, e até o caráter espaçado dos encontros entre Husserl e Heidegger, em Friburgo, é mesmo marcante, isso devia ser bem dramático.

Mas e vocês, que eram alunos...

Ah, sabíamos disso muito bem! Mas a partir dos textos lidos e comparados, e não a partir dos fatos.

O senhor se dava conta disso?

Nós comparávamos as teses e as orientações divergentes. Mas procurávamos também os sinais da continuidade. Em meu primeiro livro, que foi publicado há cinqüenta anos, em 1930 – isto faz exatamente 57 anos –, esforcei-me por apresentar a doutrina de Husserl, encontrando nela elementos heideggerianos, como se a filosofia de Husserl já colocasse o problema heideggeriano do ser e do sendo. Aliás, eu não penso hoje ter estado de todo errado.

O senhor diria que é um discípulo de Heidegger?

Eu não penso que seja, nem mesmo tenho o direito a isso, mas não posso renegar uma parte de minha vida, nem meu assombro que ainda hoje me sobrevém a cada vez que leio um texto heideggeriano e, sobretudo, quando releio *Sein und Zeit,* em que sou tomado pela potência de análise de que lhe falei.

Qual a seqüência de seu itinerário nos anos que precedem a guerra?

Depois de minha tese, eu solicitei e obtive a nacionalidade francesa; casei-me, fiz meu serviço militar em Paris (no 46º Regimento de Infantaria de La Tour d' Auvergne, experimentado como um tempo histórico) e entrei na administração da obra escolar da Aliança Israelita Universal. Preciso dizer duas coisas sobre essa instituição. A Aliança Israelita Universal se constituiu em 1860 com a preocupação de trabalhar pela emancipação dos israelitas nos países onde eles ainda não tinham direitos de cidadãos. Primeira instituição israelita de vocação internacional criada com esse pensamento devido aos ideais franceses dos direitos humanos. Não havia, nessa inspiração, nenhum pressentimento sionista. Tratava-se de emancipar os israelitas nos próprios países onde residiam sem serem reconhecidos como cidadãos. A ação estava de imediato voltada para os países não-europeus, para as zonas da bacia mediterrânea, para a África do Norte, para as regiões da Turquia, da Europa e da Ásia, convertidos, depois, em Síria, Iraque, Irã… Muito rapidamente essa atividade se tornou obra escolar; fundação de escolas francesas de primeiro grau, o que significava também, e sobretudo para os idealistas do século xix, contemporâneos da revolução de 1848, a elevação dos seres humanos à cultura universal, afirmação das idéias gloriosas de 1789. Essas escolas tiveram um de-

71

senvolvimento extraordinário. O que eu lhe conto aqui é só um pouco da "história antiga", mas todos os judeus da bacia mediterrânea, educados nessas escolas francesas da Aliança – às vezes talvez em detrimento de suas próprias tradições retomadas, a partir de então em uma nova síntese –, logo passaram a considerar e ainda consideram a França como sua pátria por meio da língua francesa e dos ideais franceses. Essa obra educativa foi por certo reorientada após o fim da guerra.

Que função o senhor ocupava no seio dessa obra escolar?

Foi bem mais tarde, durante os últimos anos que precedem os nacionalismos locais, antes da guerra. Eu me ocupava dessas escolas aqui em Paris. Havia toda uma correspondência ligada a uma problemática de administração, de pedagogia e de consciência.

O que se prolongou depois da guerra, pela minha nomeação para a direção da Escola Normal Oriental que, há quase cem anos, formava, em Paris, os professores dessas escolas distantes. Eu fui mobilizado em 1939, deixei o escritório que eu ocupava, no número 45 da rua La Bruyère, sede da Aliança; eu o reencontrei no retorno de meu aprisionamento quando fui a Auteuil dirigir a Escola Normal Israelita Oriental.

E intelectualmente?

Eu redigi, durante esses anos antes da guerra, textos filosóficos que não tinham nenhuma temática especialmente judaica, mas que procediam provavelmente daquilo que o judaico assinala ou sugere em relação ao humano.

Da Evasão, um dentre esses textos, foi reimpresso faz algum tempo: meu jovem amigo Jacques Roland o introduziu e o anotou, convertendo-o em um livro de cem páginas. No texto original, escrito em 1935, é possível distinguir as angústias da guerra que se aproximava e toda a "fadiga de ser", o estado de alma daquele período. Desconfiança em relação ao ser, que, sob uma outra forma, se prolongou naquilo que eu pude fazer depois dessa data, em uma época em que havia, por completo, o pressentimento do hitlerismo iminente por todos os lados. Minha vida ter-se-ia ela passado entre o hitlerismo incessantemente pressentido e o hitlerismo se recusando a todo esquecimento?

Nem tudo se relacionava, em meus pensamentos, aos destinos do judaísmo, mas minha atividade na Aliança me mantinha em contato com a provação judaica, reconduzindo-me, sem parar, aos problemas concretos sociais e políticos que a concerniam em toda parte. Na Europa, para além da bacia mediterrânea das escolas da Aliança: na Polônia notadamente, onde a proximidade da Alemanha hostil reanimava, não obstante, desde 1933, instintos anti-semitas mal adormecidos. Problemas concretos de ressonância espiritual. Fatos sempre enormes. Pensamentos que retornam aos antigos textos veneráveis, porém enigmáticos, já desproporcionais em relação às exegeses da escola! Eis, com as preocupações de administração e de pedagogia, os convites ao aprofundamento, à tomada de consciência, ou seja, à escritura. Isso é o que, ao menos, eu sempre senti na proximidade das letras.

Da Evasão – que Jacques Roland comentou tão bem no pequeno livro que acaba de publicar – para além da condição judaica significava o Humano.

A história pesava muito sobre o senhor naquele momento?

Sim, a história se o senhor quiser , não a ciência histórica; os acontecimentos históricos. Mas, como bem sabe, é muito difícil comunicar isso, essa espécie de desespero ininterrupto que foi o período hitleriano da Europa, erguendo-se do fundo dessa Alemanha tão fundamental, dessa Alemanha de Leibniz e de Kant, de Goethe e de Hegel…

E de Nietzsche.

Nietzsche estava desesperado ele mesmo. Eu, bem, eu ligo sempre o que Nietzsche escrevia ao pressentimento de uma época em que todos os valores vão desonrar-se, ele denuncia os valores que vão embaralhar-se, confundir-se e desmentir-se algumas dezenas de anos mais tarde.

E, ainda hoje, eu me digo que Auschwitz foi cometido pela civilização do idealismo transcendental. Mas Hitler, ele próprio, se encontrará em Nietzsche…

Durante a Segunda Guerra, o que o senhor fez?

Caí bem depressa prisioneiro de guerra. Havia passado em um concurso de intérprete militar alguns anos antes de 1939, e fui mobilizado como intérprete de russo e de alemão. Feito prisioneiro em Rennes com o 10º exército que recuava, fui, depois de um internamento de alguns meses na França, transportado para a Alemanha. Eis-me de repente restrito a uma condição especial: declarado como judeu, mas poupado pelo uniforme do destino dos deportados, reagrupado com outros judeus em um *commando* especial. Trabalhando – separado de todos os outros franceses – na floresta, mas me beneficiando aparentemente das disposições da convenção de Genebra que protegia o prisioneiro.

Como decorreu sua detenção?

Quando nos transportaram para a Alemanha, para um *stalag*[2] próximo a Hannover, separaram os recém-chegados: judeus de um lado e não-judeus de outro. Os judeus destinados ao *commando* especial. Eu apreciei bastante – essa é uma das minhas experiências do cristianismo mais importantes –, durante todo esse período, a humanidade fraternal do homem de confiança do *stalag* que, por cada movimento seu, restaurava em nós a consciência de nossa dignidade. O homem se chamava abade Pierre, jamais soube seu sobrenome. Houve inúmeras citações do abade Pierre desde então, nas crônicas da caridade da França.

2. Campo de prisioneiros. (N. da T.)

Sempre pensei no mesmo que nos socorreu, nos reconfortou, como se o pesadelo se dissipasse, como se a própria língua reencontrasse seus acentos perdidos, e retornasse a uma nobreza anterior à corrupção. Mais tarde, a cada problema que surgia no *commando* judeu, queríamos retornar ao campo para falar de novo com o abade Pierre.

De uma maneira geral, eu acho que a caridade cristã só apareceu a nós claramente durante as perseguições hitlerianas. Paradoxo da experiência, sempre me disse que os carrascos de Auschwitz, protestantes ou católicos, haviam todos provavelmente feito seu catecismo. E, no entanto, o que vimos na população civil – simples fiéis e membros da hierarquia –, que acolheu, ajudou e às vezes até salvou alguns dos nossos, é absolutamente inesquecível, e eu não me canso de relembrar do papel que desempenhou – com tantos ardis e riscos –, no salvamento de minha esposa e de minha filha, um monastério de São Vicente de Paula nas cercarias de Orléans. Também admiramos esse devotamento nos campos de prisioneiros, na pessoa dos capelães, ainda que não conseguissem suprimir a discriminação racial, que era a regra dos campos de prisioneiros.

Aí estou, pois, em um *commando* judeu. Não era um período de tortura. Íamos ao trabalho na floresta, passávamos o dia todo na floresta. Sustentados materialmente pelos *colis,* os pacotes que nos eram enviados, e moralmente pelas cartas, como todos os prisioneiros franceses. Era uma vida a qual arrancávamos lazeres com a leitura. Contatos fraternais entre meios sociais e culturais bem diferentes. Os livros chegavam e a gente não sabia de onde. Pessoas de manuais técnicos liam Anatole France e Proust.

E essa forma de cultivar-se e falar de leituras no trabalho era muito bonita. E aqui chego à história do cãozinho amigo. Um cãozinho associou-se a nós um dia, a nós prisioneiros que íamos para o canteiro de obras, um cãozinho nos acompanhou ao trabalho; o guarda não protestou; o cãozinho não nos largou mais, instalou-se no *commando* e nos deixava partir sozinhos. Mas quando voltávamos do trabalho, ele, todo contente, nos acolhia saltitante. Nesse canto da Alemanha, onde, ao atravessar o vilarejo, éramos olhados, pelos habitantes, como *Juden*, esse cachorro nos tomava evidentemente por homens. Os habitantes, decerto, não nos injuriavam nem nos faziam nenhum mal, mas seus olhares diziam tudo. Nós éramos criaturas condenadas ou contaminados portadores de germes. E o cachorrinho nos acolhia, na entrada do campo, latindo alegremente e saltando amigavelmente ao nosso redor.

O que o senhor leu durante o seu cativeiro?

Eu lia Hegel, evidentemente. Mas muitos textos filosóficos de todas as procedências. Muitas coisas que eu não tinha tido tempo de ler antes: Proust, mais do que nunca, os autores do século XVIII, Diderot, Rousseau e depois autores que não estão em nenhum programa. Então, bruscamente, eu me perguntava: "Para que serve tudo isso?". Mas naquela vida de trabalho físico diário na floresta – sob a vigilância de guardas sem brutalidade –, do ponto de vista cultural, o tempo não era perdido.

É paradoxal, tudo era, de qualquer maneira, provisório, a gente se perguntava para que servia tudo aquilo, e se um dia sairíamos dali. Mas essa relativa imunidade de prisioneiros de guerra em um *commando* perdido na floresta criava um universo equilibrado: poucas pessoas muito cultas, mas todos liam, todos também propunham questões. Não sabíamos o que se passava lá fora; as escassas informações das rádios alemãs, cuidadosamente interpretadas e reinterpretadas à nossa maneira, só diziam respeito às operações militares. Esse foi o nosso contato com o mundo exterior. Nós conhecíamos muito mais as posições do inimigo em Stalingrado e em outros locais do que o que se passava em nossas famílias, que não queriam nos alarmar em suas cartas. De tempos em tempos, filtravam-se algumas novas: determinada família tinha um membro desaparecido, outro não respondia.

Notícias atrozes, fórmulas camufladas que procurávamos interpretar na esperança e na consolação.

Nenhum rumor chegava a vocês dos extermínios?

Não, mais tarde, um pouco, sim, mas, enfim, isso se filtrava lentamente. Tudo o que nossas famílias tinham vivido não era conhecido. Todos os horrores dos campos, inimagináveis. Na consciência racional de um destino, sem piedade nem exceção, consciência sem ilusão – o cotidiano provisório e esquecimento nos livros, ou derrisória lucidez com ou sem embrutecimento.

Foi aliás em cativeiro que o senhor começou a escrever seu primeiro livro, Da Existência ao Existente.

Sim, eu tinha também a preocupação da escritura, mas o livro não estava pronto quando voltei.

Quando o senhor voltou para a França, o que fez?

Eu retornei ao escritório da rua La Bruyère e foi lá que me confiaram essa escola na qual vivi durante muito tempo. Eu a dirigi de 1946 até a minha entrada na universidade, em 1961.

A cena intelectual da época estava ocupada por pessoas como Sartre, Camus, Merleau-Ponty. Quais foram suas relações com eles?

Já havia encontrado Sartre antes da guerra, depois de *La Nausée* (A Náusea), eu o conheci na casa de Gabriel Marcel. Eu era convidado durante o período anterior a guerra às reuniões na casa de Gabriel Marcel. Elas se realizavam no sábado à noite, uma vez por mês, para os filósofos. E foi lá que eu assisti a uma exposição de Sartre. Naquela época, na casa de Gabriel Marcel, formaram-se os futuros leitores de Sartre, os futuros leitores de toda aquela efervescência filosófica que *O Ser e o Nada* de Sartre, publicado durante a guerra, desencadeou. Voltei a encontrar Sartre em pleno brilho e em toda sua popularidade logo após a guerra…

O senhor jamais voltou a reencontrá-lo mais tarde?

Eu vi Sartre, no todo, três vezes. No ano anterior à sua morte, estive na casa dele: ele quis que eu participasse de um número da *Temps Modernes*[3] relativo ao problema palestino. Eu o vi também quando ele recebeu em Paris o doutorado *honoris causa* da Universidade de Jerusalém. Possuo até uma belíssima foto em que eu o felicito. Eram contatos episódicos. Eu também escrevi a Sartre quando ele se recusou a receber o prêmio Nobel. Carta que julgo importante. Eu lhe disse que, ao recusar esse prêmio prestigioso, ele era talvez o único homem que tinha direito à palavra, e que era talvez o momento em que era preciso falar: ir a Nasser, no Egito, para propor a paz com Israel. Que idéia louca! Mas eu lhe disse: "O senhor é o único homem que Nasser ouvirá". Contaram-me que, ao receber minha carta, ele teria perguntado: "Quem é esse Lévinas?". Teria ele esquecido a *Teoria da Intuição na Fenomenologia de Husserl*, que, segundo a Mme. de Beauvoir, teve um momento glorioso? Em *La Force de l'âge* (A Força da Idade), Simone de Beauvoir conta que, na livraria Picard, no bulevar Saint-Michel, onde esse livro estava exposto depois de sua publicação, o jovem Sartre o havia folheado e dito: "Tudo isto, eu gostaria de dizê-lo, mas aqui está, Husserl já o disse".

E a sua obra?

Eu li muito cedo *A Náusea* – que saiu depois de meu texto sobre a evasão e que exprimia a ontologia daquele horrível pré-guerra –, eu citei *A Náusea* em meus textos ulteriores; eu conhecia *O Ser e o Nada* apenas parcialmente, eu o li ao voltar do cativeiro. Mas eu tinha por Sartre –

---

3. *Tempos Modernos*, revista de filosofia dirigida por Sartre. (N. da T.)

sem desagradar aos ingratos que se permitem julgá-lo –, por seu evidente gênio, mas também por sua vitalidade e sua vivacidade, por sua presença, por suas imprudências, uma grandíssima admiração.

Dinamismo de Paris, ou simplesmente essa extraordinária maneira parisiense ou francesa, no fim das contas, de estar desposto – isto é, para mim, uma grandeza. Reprovam-lhe, na falta de algo pior, o fato de ter levado ao palco uma peça sob a Ocupação. Peça anti-alemã durante a presença dos alemães em Paris. Ele não temia o escândalo. E o que me contaram recentemente de sua desatenção para com as condições pecuniárias de sua própria vida, da maneira como gastava o dinheiro, com os outros, de sua maneira de se doar. É a medida do Humano!

Para o senhor que havia freqüentado a obra e os cursos de Husserl, de Heidegger, o senhor encontrou na obra filosófica de Sartre, Camus ou Merleau-Ponty, uma novidade?

Havia nelas uma nova sonoridade... Mas também uma potência especulativa tanto em Merleau-Ponty como em Sartre, os quais não podiam receber nada sem recriá-lo. Espíritos grandes demais para repetições!

Em qual momento o senhor sentiu gana e necessidade de publicar?

Bem cedo! Publiquei meu primeiro artigo sobre Husserl na *Revue philosophique*[4], de Lévy-Bruhl, aos 22 anos de idade, "Sur les idées d'Edmond Husserl"[5]; sempre tive a vocação de comunicar muito mais do que publicar para aparecer.

Talvez também para realizar uma obra?

Vocação talvez secreta para si mesma. Não sei se jamais se faz uma obra, se não é a partir de certas idéias que

4. *Revista Filosófica.* (N. da T.)
5. Sobre as Idéias de Edmond Husserl. (N. da T.)

se tem a peito. Nessa fadiga de ser da qual lhe falei a pouco, nessa história *Da Evasão*, eu tive talvez o sentimento de estar atormentado por alguma coisa única e que ainda me atormenta.

Que acolhida teve o seu primeiro livro Da Existência ao Existente, *muito distante, ao que parece, das preocupações sociais que predominavam naquele momento?*

Meu primeiro livro é *A Teoria da Intuição*.

Bem, essa é sua tese.

Sim, minha "tese universitária", redigida aos 24 anos, defendida na Universidade de Estrasburgo. Eu já lhe disse que o livro contou notadamente com Sartre como rápido leitor. Ainda se vende em sua quarta edição. Ele foi coroado com um prêmio do Instituto. Menciono esse fato porque eu devia certamente essa distinção a Léon Brunschvicg, e muito me importa mencionar esse tão grande espírito dentre os meus mestres. No livro sobre Husserl, eu tive que falar de sua fenomenologia em uma atmosfera filosófica difícil de imaginar hoje. Esse movimento de idéias, tão familiar a todos hoje em dia na França, era quase totalmente desconhecido.

Quanto às preocupações sociais que predominavam no momento de meu retorno, e que não correspondiam aos temas de meus escritos – não penso que minhas reflexões tenham podido jamais se distanciar do humano essencial, e, sob um vocabulário diferente, tratado de outra coisa que não o social. Tanto pior para a recepção da imprensa. Mas as pessoas se recordavam sempre de minha especialidade fenomenológica, atestada por esse pequeno livro, *A Teoria da Intuição na Fenomenologia de Husserl*. Eu recebi resenhas críticas favoráveis, mas, enfim, nada de muito importante.

Quanto ao *Da Existência ao Existente*, o que é importante nesse livro é a descrição do ser em seu anonimato, descrição bem próxima dos temas de Blanchot. Uma convergência, um paralelismo. O que eu chamo de *há* (*il y a*). Quaisquer que sejam meus empreendimentos, quaisquer que sejam meus movimentos, qualquer que seja meu repouso, o *há* (*il y a*) *ser*.

Há (*il y a*) é anônimo. *Il y a*, [está chovendo] como *il pleut...* Não há somente qualquer coisa que é, mas *há* (*il y a*) acima ou através de algumas dessas coisas, há um processo anônimo do ser. Sem portador, sem sujeito, como na insônia, este [isto] não pára de ser – *há* (*il y a*).

Esse conceito do há [existe] *(*il y a*) pode ser aproximado do* es gibt *heideggeriano?*

Ah não, não é o *es gibt* heideggeriano. O *es gibt* heideggeriano é uma generosidade. É o grande tema do último Heidegger, o ser se dá anonimamente, mas como uma abundância, como uma bondade difusa. Ao contrário, o *há* (*il y a*) é insuportável em sua indiferença, não angústia, mas horror de um incessante, de uma monotonia desprovida de sentido. Horrível insônia. Quando sendo criança se é arrancado da vida dos adultos, metido numa cama um pouco mais cedo, isolado no silêncio, e quando se ouve o tempo absurdo em sua monotonia, como se as cortinas se mexessem sem mover-se... Meu esforço em *Da Existência ao Existente* consistia em buscar a experiência de uma saída desse "não-senso" anônimo.

A partir de *alguma coisa* posta em si mesma e que eu chamo nesse livro: hipóstase. Sair do anonimato do ser – do *há* (*il y a*) – pelos sendos; pelo sujeito portador e senhor do ser, do ser seu. Em primeiro lugar em *Da Existência ao Existente*, o *há* (*il y a*) decorre de uma fenomenologia da fadiga, da preguiça; em seguida à busca do sendo, da hipóstase. Entretanto, ao fim do livro, a idéia essencial que o verdadeiro portador do ser – a verdadeira saída do *há* (*il y a*) está na obrigação – no "para com o outro" que introduz um *sentido* no não-senso do *há* (*il y a*). O eu subordinado a outrem! No evento ético aparece alguém que é o sujeito por excelência. É o nó de tudo o que eu diria depois. A primeira metade do livro gira em torno do sujeito e, perto do fim, aparece outrem: eu, eu sempre sou eu, a preocupar-me comigo, o famoso ser perseverando no ser. Comer, comprazer-se em comer, comprazer-se em si, é repugnante; mas a fome do outro é sagrada. Sou injusto comigo? Dizem-me que raciocino como masoquista. Nós estamos no masoquismo e já um pouco na ética.

Esse tema já se formula em *Da Existência ao Existente*. O senhor tem razão, é meu primeiro livro: retomada sob uma outra forma de *Da Evasão* – esse horror de ser anônimo, obsessão desse anonimato, desse incessante; um pouco como o nada que aniquila (por que ele não fica quieto?); e já se perfila a diferença radical, o que eu chamarei mais tarde de dissimetria fundamental, entre eu (*moi*) e o outro.

O senhor pediu que uma faixa circundasse esse livro Da Existência ao Existente *com a inscrição: "Onde não se trata de angústia". Era ironia?*

Em meu livro, é o ser que conta…

Não é a angústia do nada?

Não é a angústia do nada, é o horror do *há* (*il y a*) da existência, não é o medo da morte, é o "demais" de si mesmo. Efetivamente, desde Heidegger e até mesmo desde Kierkegaard, a angústia é analisada como a emoção do não-ser, como angústia diante do nada, quando o horror do *há* (*il y a*) está próximo do desgosto de si, da lassidão de si.

Tratar-se-ia de sair de si, mas como sair de si?

Aí chegamos a temas fundamentais… Sair de si é ocupar-se do outro, e de seu sofrimento e de sua morte, antes de ocupar-se de sua própria morte. Eu não digo de maneira alguma que isso se faça com alegria de coração, que isso não é nada, nem sobretudo que isso seria uma cura contra o horror ou o cansaço de ser ou contra o esforço de ser, uma maneira de distrair-se de si.

Eu penso que é a *descoberta* do fundo de nossa humanidade, a própria descoberta do bem no encontro de outrem – eu não tenho medo do termo "bem"; a responsabilidade para com o outro é o bem. Isso não é agradável, é bem.

O senhor escreve que a relação do mesmo e do outro, ou seja, por excelência, do eu e de outrem, é a linguagem.

Deve a linguagem ser pensada unicamente como a comunicação de uma idéia ou de uma informação, e não também e, talvez, acima de tudo, como o fato de ela abordar outrem como outrem, isto é, já responder por ele?

A primeira palavra não é bom-dia?! Simples como um bom-dia!... Bom dia como benção e como minha disponibilidade para com o outro homem?

Isto não quer dizer ainda: que belo dia. Isto exprime: eu te desejo paz, eu te desejo um bom dia, a expressão de que se preocupa com o outro. Ela porta todo o resto da comunicação, ela carrega todo o discurso.

Qual projeto animava o senhor no início de suas pesquisas filosóficas? A sua obra responde ao que o senhor queria fazer?

Eu parti de uma reserva no tocante ao ser de que lhe falei há pouco. Nem sempre sob forma de pensamentos dramáticos. Isso não é completamente original: através da própria gravidade do cotidiano, pôr-se a entender o cotidiano como uma monotonia de instantes que caem; o ramerrão da existência no não-senso e no tédio, através da angústia da situação política, da proximidade da guerra e do hitlerismo triunfante.

No *há* (*il y a*), encontra-se toda a gravidade, toda a seriedade da aventura vivida. É esse sentimento que se reflete no pequeno texto sobre a evasão e no aparecimento do *há* (*il y a*). E depois, a consciência do ridículo de todos esses problemas pessoais quando se trata de outrem e de suas necessidades, de sua presença e de sua vida. Eu não sei se era meu projeto inicial ou se é meu projeto final, disso eu nada sei, eu não posso dizer ao senhor, eu jamais pensei nessas coisas como biografia patética bem escrita. Mas a idéia, que, no fim das contas, o verdadeiro, o incontestável valor e no qual não é ridículo pensar, é o valor da santidade. Ela não se prende inteiramente às privações, ela está na certeza de que é preciso deixar o outro sempre em primeiro lugar em tudo – desde o "depois do senhor" diante da porta aberta até a disposição – quase impossível mas que a Santidade o pede – de morrer pelo outro.

Nessa atitude de santidade, há um retorno assim da ordem normal das coisas, do natural das coisas, da persistência no ser da ontologia das coisas e do vivente, que é, para mim, o momento no qual o humano, o além do ser – Deus – me vem à idéia. Falo disso em meu livro *De Deus que Vem à Idéia*. Se quiser, a situação em que Deus vem à idéia não seria o milagre, nem a preocupação de compreender o mistério da criação. A idéia de criação é primeira? O choque do divino, a ruptura da ordem imanente, da ordem que eu posso abarcar, da ordem que eu posso ter por meu pensamento, da ordem que pode tornar-se minha, eis o rosto de outrem.

O senhor diz que a relação com o rosto de outrem é, de pronto, ética. No quê ela o é?

A ética: comportamento em que outrem, que lhe é estranho e indiferente, que não pertence nem à ordem de seus interesses nem àquela de suas afeições, no entanto, lhe diz respeito. Sua alteridade lhe concerne. Relação de uma outra ordem que não o conhecimento em que o objeto é investido pelo saber, aquilo que passa pelo único modo de relação com os seres. Pode alguém ser para *um eu* sem reduzir-se a um objeto de puro conhecimento? Situado em uma relação ética, o outro homem permanece outro. Aqui, é precisamente a estranheza do outro, e se podemos dizer sua "estrangeiridade", que o liga a você eticamente. É uma banalidade – mas é preciso espantar-se com ela. A idéia da transcendência talvez se eleve aqui.

E o rosto…

O rosto (*visage*) não é da ordem do *visto*, não é um objeto, é aquilo cujo aparecer conserva uma exterioridade que é também um chamado – ou um imperativo dado à sua responsabilidade. Encontrar um rosto é, *de pronto*, ouvir um pedido e uma ordem. Eu defini o rosto precisamente por esses traços: para além da visão ou confundidos com a visão do rosto. Pode-se dizer uma vez mais: o rosto, por trás da feição que ele se dá, é como exposição de um ser à sua morte, o sem defesa, a nudez e a miséria de outrem. Ele é também o mandamento de tomar a si, a seu cargo, outrem, de não o deixar só; você ouve a palavra de Deus. Se você concebe o rosto como objeto do fotógrafo, decerto você está lidando com um objeto como um outro objeto qualquer. Mas se você *encontra* o rosto, essa responsabilidade está nessa estranheza de outrem e em sua miséria. O rosto se oferece à tua misericórdia e à tua obrigação. Eu posso, certamente, olhar o rosto encarando-o, como uma forma plástica qualquer, fazendo abstração dessa significação da responsabilidade de que sua nudez e sua estranheza me incumbem.

Trata-se de en-carar (en-visager) *o outro muito mais do que des-carar* (dévisager)?[6]

Sim, encarar… ainda que se encare muitas vezes descarando. Sabe-se a cor dos seus olhos, o formato do nariz

---

6. Na impossibilidade de encontrar em português termo com significado correspondente a *dévisager,* optou-se pela palavra que mais se aproxima do vocábulo original. Naturalmente o leitor deverá considerar que, em francês, *dévisager* exprime não apenas descarar, isto é, desfigurar a cara, como também encarar alguém para reconhecê-lo. (N. da T.)

etc., mas olhando como uma imagem. Porém, quando eu te digo "bom-dia", eu te abençoei antes de te conhecer, eu me ocupei com seus dias, eu entrei em sua vida além do simples conhecimento.

Pois é a ética antes de tudo?

A palavra ética é grega. Eu penso muito mais, sobretudo agora, na santidade, na santidade do rosto de outrem ou na santidade de minha obrigação como tal. Tanto faz! Há uma santidade no rosto, mas sobretudo há santidade ou ética para consigo mesmo em um comportamento que aborda o rosto como rosto, em que a obrigação em relação a outrem se impõe antes de toda e qualquer obrigação: respeitar outrem é dar-se conta de outrem, é fazê-lo passar antes de si próprio. E a cortesia! Ah, mas é muito bom: o fazer passar antes de mim, esse pequeno impulso de cortesia é um acesso ao rosto também. Por que você deve passar antes de mim? É bem difícil porque você também abordou meu rosto. Mas a cortesia ou a ética consiste em não pensar nessa reciprocidade.

A alteridade é um tema que sempre volta em suas obras.

Sim! Uma alteridade que não se resume no fato de que o outro, que se parece comigo, tem um outro atributo em sua característica. Comumente, dizemos que uma coisa é outra porque ela tem outras propriedades. Ali está um papel branco, ao lado um papel preto – alteridade? Eles são outros também pelo fato de que um está em um lugar do espaço e o outro em um outro lugar do espaço; isto não é a alteridade que distingue você de mim. Não é de modo algum porque seus cabelos não são como os meus e porque você ocupa um outro espaço que não o meu – isso seria apenas uma diferença de propriedade ou de disposição no espaço, diferença de atributos. Mas, antes de qualquer atributo, você é um outro que não eu, outro de outro modo, outro absolutamente! E é essa alteridade outra, além daquela que se deve aos atributos, que é sua alteridade; ela é logicamente não-justificável, logicamente indiscernível. A identidade do eu não é o resultado de um saber qualquer: eu me encontro sem me procurar. Você é você e eu, eu sou eu: isso não se reduz ao fato de que nós diferimos por nosso corpo ou pela cor de nossos cabelos ou pelo lugar que ocupamos no espaço. Você não acha que a gente não se surpreende bastante com essa identidade distinta do *a é a*?

Como abordar o outro?

Abordar, o que isso quer dizer? De repente outrem deixa de lhe ser indiferente! De repente você não está só! Mesmo se você adotar uma atitude de indiferença, você já é *obrigado* a adotá-la! O outro é algo que conta para você, você lhe responde assim como ele se dirige a você. Ele lhe concerne.

Como ir na direção do outro? É o amor que me conduz na direção dele?…

Se quiser, sem colocar nessa palavra toda a literatura que ela evoca! Se você retomar o termo não-indiferença, que é talvez um engajamento afetivo em que uma intenção de amor é pressentida, e a responsabilidade pelo ser a cujo respeito falei. Tudo isso desabrocha em amor: a responsabilidade precisa algo de grave na consciência da alteridade. O amor vai mais longe, é a relação com o único. Ele pertence ao princípio do amor que o outro, amado, é único no mundo para mim. Não é de todo, porque, na medida em que estou apaixonado, tenho a ilusão de que o outro é único, é porque há a possibilidade de pensar alguém como único que há amor.

Mas cada outro é único. E nós não amamos todo mundo…

É aí que saímos do que eu chamo de ordem ética ou ordem da santidade ou ordem da misericórdia, ou ordem do amor ou ordem da caridade, em que o outro homem me concernia independentemente do lugar que lhe cabe na multiplicidade humana, e até para além de nossa pertença como indivíduos ao gênero humano, dizendo-me respeito como próximo, como um indivíduo qualquer que chegou primeiro. Ele era o único. Em seu rosto, apesar da aparência que ele se dá, eu li um chamado a mim endereçado, a ordem de Deus de não o deixar. Relação inter-humana na gratuidade ou na santidade do ser para-com-o-outro!

Eu vou lhe repropor minha pergunta: nós não amamos todo mundo, nós preferimos, nós julgamos…

Com efeito, tudo se modifica desde que se afirme o "Todo mundo". O outro não é único aqui. Esse valor de santidade – e essa montante da misericórdia – não pode excluir, ou ignorar, a relação com os outros, na simultaneidade de todos. Eis o problema da escolha. Não será necessário descobrir em meu desinteresse aquele que é *outro por excelência*? Eis o problema da *ratio*. Exigência de um julgamento; mas, por conseguinte, exigência de uma comparação entre "únicos", e seu retorno ao gênero comum. Primeira violência: contestação da unicidade. Violência, no entanto, induzida pelo para-com-o-outro inicial contestado pelo aparecimento do terceiro, do quarto, do quinto homem etc. – que são todos meus "outros". Necessidade de uma partilha; de uma partilha precisamente justificada. Talvez nascimento mesmo de um ideal da objetividade e da ordem social (com suas desordens), nascimento das instituições e do Estado, de sua autoridade necessária às próprias instituições da justiça, mas pela mesma limitação da caridade inicial, da qual a justiça saiu. Solução dessa contradição interna no Estado liberal que, por trás de toda justiça estabelecida como regime, prevê uma justiça mais justa, e deixa também um lugar ao indivíduo e – ao lado e após o respeito da justiça – aos recursos de caridade e de misericórdia de cada um. A justiça não se apresenta como definitiva em um Estado liberal. Nós vivemos em uma sociedade em que seria preciso uma justiça ainda melhor. Eu não sei se você admite esse sistema um pouco complexo que consiste em julgar *segundo a verdade* e em tratar *no amor* aquele que foi julgado. A supressão da pena de morte me parece uma coisa essencial para a coexistência da caridade com a justiça. Esta idéia de uma progressão da justiça e de sua abertura é importante para a própria sabedoria das melhorias. Buscar uma sociedade desde logo caridosa, um regime desde logo caridoso, é correr o risco do stalinismo. Não sei se fica claro para você o que quero dizer…

Sim, a bondade para todos, regulamentada, obrigatória…

É pensar que se pode dispensar a caridade – e a invenção necessária à caridade – e instaurar por meio de leis, para sempre, o que só um ato pessoal de misericórdia e de amor pode trazer a cada vez. O stalinismo parte de excelentes intenções e se afoga na administração. Ah, a violência da administração! A mim me importa que outrem seja reconhecido, mas como os únicos são multiplicidade, são necessários cálculos, comparação, que fazem desaparecer o único. É preciso que eu encontre o único, uma vez julgada a coisa; cada vez de novo e cada vez como um indivíduo vivente e um indivíduo único que pode, em sua própria unicidade, encontrar o que uma consideração de ordem geral não pode encontrar.

O que o senhor acha dos movimentos em favor dos direitos do homem?

Os movimentos em relação aos direitos do homem procedem do que eu chamo de: consciência de que a justiça ainda não é suficientemente justa. É pensando nos direitos do homem e na necessidade dos direitos do homem nas sociedades liberais que a distância entre a justiça e a caridade busca incessantemente estreitar-se. Movimentos constantemente reinventados e que, no entanto, jamais podem sair da ordem das soluções e das fórmulas gerais. Isso jamais preenche o que só a misericórdia, preocupação com o individual, pode dar. Isso remanesce, para além da justiça e da lei, como um apelo aos indivíduos em sua singularidade, algo que, os cidadãos confiantes na justiça, sempre continuam sendo. Lembre-se do que dissemos da interdição e da obrigação de olhar o rosto de outrem. A justiça é despertada pela caridade, mas a caridade, que é caridade antes da justiça, é também depois. É isto. É preciso rir um pouco agora porque estou com um ar de quem está pronunciando um sermão.

Como se traduz concretamente a responsabilidade para com outrem?

Outrem me importa em toda sua miséria material. Trata-se de alimentá-lo eventualmente, trata-se de vesti-lo eventualmente… É exatamente a proposta bíblica: alimentar aqueles que têm fome, vestir os que andam nus, dessedentar os que têm sede, os que não têm abrigo. O lado material do homem, a vida material me importam em outrem, tomam em outrem para mim uma significação elevada, dizendo respeito à minha "santidade". Lembre-se, eu cito isso com freqüência, do capítulo xxv vérsiculos 41-46 de Mateus, lembre-se desse diálogo: Vós me enxotastes, vós me perseguistes. – Quando foi que te enxotamos, quando foi que te perseguimos? – Mas quando recusastes a dar de comer ao pobre, quando enxotastes o pobre, quando vos mostrastes indiferente a seu respeito! Como se a respeito de outrem eu tivesse responsabilidades a partir do comer e do beber. E como se outrem que eu enxotei equivalesse a um Deus enxotado. Essa santidade talvez seja somente a santidade do problema social. Todos os problemas do comer e do beber, na medida em que concernem a outrem, se tornam sagrados. O que é importante, é a noção de uma responsabilidade que precede a noção de uma iniciativa culpável.

Culpabilidade sem falta! Como se eu tivesse um trato com outrem antes de conhecê-lo, em um passado que jamais ocorreu. Muito importante essa responsabilidade sem culpabilidade. Como se outrem me fosse sempre alguma coisa, como se sua condição de estrangeiro me olhasse precisamente. Eu não posso dizer eticamente que outrem não me olha. A ordem política – as instituições e a justiça aliviam decerto essa incessante responsabilidade –, mas pela ordem política, pela boa ordem política, somos ainda responsáveis. Se pensamos nisto até o extremo, pode-se dizer que eu sou responsável pela morte de outrem. Eu não posso deixar outrem sozinho em sua morte, mesmo se não posso suprimir a morte. Eu sempre assim interpretei o "Não matarás". O "Não matarás" não significa somente a interdição de enfiar uma faca no peito do próximo. Um pouco isso. Mas tantas maneiras de ser comportam uma forma de esmagar outrem.

Eu cito demais a *Bíblia*, a bem da verdade – citemos então a admirável fórmula de Pascal: "Meu lugar ao sol, a usurpação de toda a terra!". Nessa frase de Pascal, pela simples reivindicação de um lugar ao sol, eu já usurpei a terra.

O senhor diz que eu sou responsável pela morte de outrem. Não é pedir demais?

Atenção dada à morte de outrem! Heidegger definia minha finitude de subjetividade humana pelo fato de que eu estou destinado à morte, de que "eu estou à morte", destino em que ninguém poderia me substituir. Eu levo isto até a idéia de que sou responsável pela morte de outrem e mesmo até a ponto de pensar que o fato de ser afetado pela morte de outrem é o acontecimento notável e essencial de meu psiquismo enquanto psiquismo humano. Nós estamos habituados a uma filosofia em que o espírito equivale ao saber, ou seja, ao olhar que abarca as coisas, à mão que pega estas coisas e as possui, à dominação dos seres, e na qual a confirmação de si é o princípio da subjetividade.

No homem se repetirão e se confirmarão a contenção de ser, o esforço de ser, a perseverança universal do ser em seu ser. Ao contrário, eu penso que, no homem, essa ontologia se interrompe ou pode se interromper. Na visão que eu desenvolvo, a emoção humana e sua espiritualidade começam no para-com-o-outro, na afeição pelo outro. O grande acontecimento e a fonte mesma de sua afetividade estão em outrem! Em todo sentimento intervém minha relação com o outro. Eis minha resposta às suas questões sobre a responsabilidade. "Nesse caso, a vida é impossível", você irá me dizer. E eu lhe direi que o ideal de santidade comanda *utopicamente* nosso ser, e explica nossa justiça mesma e toda a importância que nós lhe atribuímos. É preciso todo o rodeio da justiça para que eu possa me ocupar de mim. Eis o segundo sermão! (risos) Toda essa reflexão é uma tentativa de pensar as estruturas últimas do humano.

No face-a-face entre o "eu" e o "tu", entre eu (moi) e outrem, há uma assimetria fundamental…

Sim! O outro passa à frente de mim, eu sou para o outro. O que o outro tem como deveres em relação a mim, é problema dele, não meu!

Mas é uma exigência louca, para si!

É louca, sim, e ela não pode dispensar a justiça porque minha relação com outros homens não é a relação com um homem só. Há sempre o terceiro, o quarto… Porque, de fato, somos uma sociedade múltipla em que, na relação fundamental com outrem, se superpõe todo o saber da justiça, que é indispensável. Na pura caridade, eu sei o que eu devo ao outro. O que o outro me deve é problema dele! É no face-a-face que eu tento apreender o humano, o "eu", como um "para com o outro". A noção de justiça é daí deduzida. O eu não é de todo unicamente aquele que se volta sobre si. É aquele que tem relação com o outro. A filosofia tradicional nos habituou ao caráter pontual do eu sempre incindindo sobre si mesmo, sempre refletindo-se, e o "se" nessa tradição é considerado como uma interioridade essencial. Eu me pergunto se a interioridade é a estrutura última do espiritual. Você vê, assim mesmo, que minha linguagem não é apenas um sermão; é também uma tentativa de filosofar.

Diria o senhor ainda hoje, como em Da Existência ao Existente, *que a relação com outrem é um movimento em direção ao bem?*

Essa fórmula tem o ar de abusar do termo "bem" ou de usá-lo leviamente. Eu quero, ao contrário, tomá-lo a sério. Penso que ele está no centro da problemática filosófica. Em todo o meu esforço, há como que uma desvalorização da noção do ser que, em sua obstinação em perseverar em ser, encobre violência e mal, ego e egoísmo. É a noção do bem que me parece corresponder às minhas análises do para-com-o-outro, conduzidas a partir da fenomenologia do rosto. O bem é a passagem ao outro, ou seja, uma maneira de relaxar minha tensão sobre meu existir à guisa de cuidado para consigo, no qual o existir de outrem me é mais importante que o meu. O bem é esse excedente de importância de outrem sobre mim, cuja possibilidade, na realidade, é a ruptura do ser pelo humano ou o bem no sentido ético do termo.

Há santidade, decerto, em preocupar-se com algum outro antes de ocupar-se de si, de velar por algum outro, de responder a algum outro antes de responder a si. O humano é essa possibilidade de santidade. Esse *slogan* de patrocínio, "estar bem", "ser gentil", do qual sorrimos, eu o tomo a sério. É preciso pensá-lo até o extremo, com rigor e acuidade. Ser pelo outro – responder por outrem – amar!

Ser pelo outro, ser responsável por outrem, querer o bem de outrem, isso não vai de mãos dadas com o interesse que lhe dedicamos, até o amor? Pode-se, realmente, ser responsável por um outro que consideramos como um inimigo?

Que consideremos o outro como um inimigo pode acontecer e acontece com muita freqüência! Eu só falei de santidade como uma possibilidade. Mas o humano no ser é esta possibilidade. A possibilidade de entender a língua original do rosto de outrem em sua miséria e em seu mandamento ético, essa maneira de ultrapassar em seu próprio ser seu esforço de ser, esse des-interesse é o bem. Eu penso mesmo que o bem é mais antigo que o mal. Mas o eu não está necessariamente à altura dessa responsabilidade. A recusa dessa responsabilidade, o fato de deixar essa atenção prévia desviar do rosto do outro homem, é o mal. O mal é possível, mas a santidade também. Ela não tem sentido antes do humano, no ser em que se trata apenas deste ser mesmo.

Sou eu responsável pelo mal que outrem realiza?

Até onde vai minha responsabilidade? Eu acredito que, em certa medida, eu sou responsável pelo mal em outrem – tanto daquele mal que o atormenta como daquele que ele faz. Jamais estou humanamente quite para com outro homem, eu não poderia contentar-me com minha bem-aventurada perfeição e deixar o mal prolongar-se ou somente pensar em puni-lo. Concretamente, a situação é muitíssimo mais complexa porque eu jamais tenho de haver com uma única pessoa, eu sempre tenho de haver com uma multidão de pessoas, e, por conseqüência, essas relações entre pessoas e o conjunto da situação devem ser levadas em conta. Isto que limita, não minha responsabilidade, porém minha ação, modificando as modalidades de minhas obrigações. É isto que eu evocava como problemática da justiça que parece renegar *prima facie* essa benevolência natural, essa responsabilidade direta e simples com respeito a outrem, a qual é, entretanto, o fundamento e a exigência de toda justiça. No rosto de outrem, eu entendo minha responsabilidade por ele. Em seu encontro, eu estou concernido. Ele me é não indiferente. Uma não-indiferença – já responsabilidade. Mas eis que vem um terceiro: nova responsabilidade. A menos que não se possa decidir por um julgamento esclarecido e justo quem, entre os dois, me concerne primeiro. É preciso que eu os compare, que eu exija a prestação de contas. Essa é toda a problemática da justiça. Eu a chamei de primeira violência: na preocupação de não menosprezar o rosto, é a recusa de só ver o rosto do outro homem.

Poderia parecer que há uma grande exigência face a face para consigo mesmo, e esta exigência o senhor a requer a cada um, ou, antes: pode-se exigi-la de cada um?

Sabe, no que concerne à relação com outrem, eu sempre volto à minha frase de Dostoiévski. É uma frase central dos *Irmãos Karamazov*: "Cada um de nós é culpado diante de todos, por todos e por tudo, e eu mais que os outros". Como se eu tivesse em uma situação de culpado na obrigação para com os outros. A atitude de outrem não intervém de maneira nenhuma na minha responsabilidade *a priori*, em minha responsabilidade inicial em relação a outrem que me olha. Sem isso, evidentemente, à força de dividir as responsabilidades, não restaria quase nada. A gente tira o corpo fora!

Mas esse tema da responsabilidade é um tema metafísico ou um tema moral?

Ah, não entendo a distinção que o senhor faz…

Justamente, eu gostaria de colocar a questão: tem-se muitas vezes a impressão, lendo sua obra, de que a metafísica entendida como ciência do original ou do absoluto está bem, bem próximo da ética…

Eu não fico de todo assombrado pela crítica do mundo metafísico na filosofia de hoje. Mas o termo, apesar de tudo, tem uma certa sobrecarga tradicional e, se bem

compreendo, o senhor entende por metafísica uma reflexão radical, que é talvez também uma reflexão inicial
e uma reflexão final. Minha resposta consistiria em dizer
que a reflexão prévia do humano está precisamente em
um espírito movido pelo ideal de santidade; que o sensível
apareça e signifique e tenha sua importância antes de tudo
em minha relação com uma outra pessoa. Se quiser, para
dizer de outro modo, eu diria que o ato, o primeiro ato
intelectual, é a paz. A paz, entendendo-se por isso minha
solicitude para com uma outra pessoa. A paz precede minha maneira de pensar, ela precede o desejo de conhecer
propriamente dito, ela precede a tematização objetiva. Há
razão quando há paz, quando há relação pacífica de pessoa
para pessoa...

*A paz com outrem precede o conhecimento e a relação in-
terpessoal é primordial. Mas como se estabelece essa relação?*

Escute, se ela devesse estabelecer-se, isso suporia que
começamos na solidão. Ao contrário, o primeiro abalo
do psiquismo humano, seu primeiro batimento é precisamente uma busca de alteridade. Recentemente, tive
a ocasião de refletir sobre a dor: o sofrimento é sentido
como um aprisionamento por excelência, esse padecer
superiormente passivo é como uma impossibilidade de
"sair-se disso". Entretanto, há, nesse encerramento em si
do padecer, o suspiro ou o grito que já é busca de alteridade: eu digo mesmo, mas é preciso tomar muita precaução
com isso, que é a primeira prece. É nessa primeira prece,
em realidade, que começa o espiritual. E ao dizer prece,
evidentemente, eu me adianto à palavra Deus. Mas penso
que essa exterioridade da qual falo, essa visada do rosto
ou essa aproximação do rosto – "aproximação" é um bom
termo, melhor que "relação" –, essa proximidade com tudo
o que ela implica de amor e de responsabilidade é sempre
tanto aproximação do rosto como compreensão da voz de
Deus. Eu vinculo ao rosto do outro homem, à alteridade

de outrem, a idéia de um primeiro choque em que Deus me vem à idéia. É nesse sentido que não há período de pura interioridade. Ao contrário, é na aventura ou na intriga que se liga, nessa relação com outrem, que, em certos momentos, se dá isoladamente uma espécie de retorno a essa dor anterior a esse primeiro grito.

O tema da solidão está bem presente em seus livros, no entanto, tem-se a impressão de que não é um tema triste para o senhor...

Triste?

Sim, freqüentemente a solidão é pensada como qualquer coisa de triste, mas não para o senhor. Enfim, o senhor tem essa fórmula: "Não se trata de sair da solidão, mas de sair do ser". Como o senhor entende essa palavra solidão?

Eu não tenho complacência alguma com a solidão. Há algo de bom, de relativamente bom na solidão, ela talvez seja melhor que a dispersão no anonimato de relações insignificantes, mas em princípio a solidão é uma falta. Todo meu esforço consiste em pensar a socialidade não como uma dispersão, mas como uma saída da solidão que é vista, às vezes, por uma soberania em que o homem é "senhor tanto de si mesmo como do universo", em que a dominação é sentida como a suprema perfeição do humano. Eu contesto essa excelência. Eu entendo a socialidade, a paz, o amor do outro, como o bem, melhor que a dominação, melhor mesmo que a coincidência com outrem. Fala-se às vezes de coincidência com Deus; não há coincidência com Deus. Esse acontecimento místico me é sempre muito suspeito, a menos que seja uma metáfora de alguma coisa do outro, um acordo perfeito com ele. A coincidência é a fusão. Para mim, ao contrário, é a socialidade que é a excelência e jamais é preciso pensar a socialidade como o que falhou em uma coincidência que não deu certo, como em uma certa literatura: no amor, os amantes não chegam, por assim dizer, a coincidir. Tristeza que está na moda! Enquanto o amor é a proximidade de outrem – em que outrem permanece outro. Eu penso que quando outrem é "sempre outro", aí está o fundo do amor. Houve uma famosa discussão entre Proust e Emmanuel Berl em que Proust sustentava que, no amor, a pessoa jamais se une ao outro. Talvez ele o deplorasse, mas igualmente mantinha que, de qualquer maneira, quanto mais o outro é outro, mais ele é amado, ou antes, quanto mais é amado, mais é outro. Eu realmente não sei se ele não pensava que a volúpia fosse o momento em que outrem é outro no máximo, quer dizer, o mais estrangeiro, em que a socialidade, essa não-indiferença à alteridade, está em seu topo. E, nesse sentido aí, o amor não é de todo uma eterna sede. O amor é uma excelência, ou seja, o próprio bem.

O senhor escreveu essa frase tão extraordinária: "A ausência do outro no amor é precisamente sua presença como outro", mas como dar a compreender isso, porque efetivamente no amor a gente procura sempre reunir-se ao outro, ao pressenti-lo como próximo de si?

É o que eu chamo de não-indiferença. Essa não-indiferença pode – em sua dupla negação – ser pensada como uma indiferença, como alteridade. Há aqui, na linguagem, a possibilidade de exprimir de maneira didática essa paradoxal relação do amor que não é simplesmente o fato de que eu conheço alguém, não é o conhecê-lo – mas a socialidade irredutível ao conhecer que é o momento essencial do amor. Praticamente, essa benevolência, essa não-indiferença à morte do outro, essa bondade, que é precisamente a perfeição mesma do amor.

Próximo do amor, há um outro tema, o da "filialidade"[7], que também tem relação com a solidão. O senhor diz, com

---

7. Filialidade, na filosofia de Lévinas, como qualidade de filial, contraponto à paternidade. (N. do E.)

freqüência, que o filho é quem está mais próximo de mim e, ao mesmo tempo, é um outro, totalmente outro...

O grande problema evidentemente consistiria em desenvolver o tema da filialidade em função do tema do amor, o que é um pouco a realidade das coisas, em todo caso, é uma perspectiva nova no amor, na minha opinião. O que é preciso insistir em primeiro lugar é sobre a própria análise da filialidade, no fato de que o filho, e a filha também, é outro, e ainda, porém, somente ainda, eu. É uma relação que não se reduz à posse de um objeto, não somente por ser um ser vivente, mas porque a relação é diferente, como se em um certo sentido – que é precisamente a filialidade – o outro fosse aqui eu e eu um outro.

Quando ouvimos as palavras "o pai", "o filho", não entramos diretamente na esfera do religioso?

São antes de tudo termos que evocam a família. A relação inicial da relação com Deus é familial? Decerto, evocamos na religião constantemente as metáforas familiais. Mas eu penso que a relação do estrangeiro com o estrangeiro, tornando-se amor e abnegação, atesta mais a ordem de Deus. Sempre admirei, na *Bíblia*, a fórmula: "Amarás o estrangeiro".

Essa relação pode se prolongar nas relações fraternais, mas é certamente na relação com o outro homem, em meus deveres, em minhas obrigações no que lhe diz respeito, que há, para mim, a palavra de Deus. É nesse ponto que a subversão considerável da ordem natural se produz: alguém, que não me diz respeito, me diz respeito, é bem isso o paradoxo do amor do estrangeiro. Inicialmente, ser, é persistir em seu ser. É nesses termos que Spinoza entende a existência. Ser é o esforço de ser, o fato de perseverar em seu ser. E eis de repente uma ruptura desse esforço. Em minha responsabilidade no tocante a outrem, que logicamente nada é, que é outro, que é separado, que é estrangeiro. Eu tenho essa responsabilidade a partir do momento em que abordo o outro homem. Nesse sentido, falo aqui da palavra de Deus que converte a perseverança em meu ser em solicitude para com outrem.

Milagre, primeiro milagre. O primeiro milagre, como dizia, está no fato que digo: bom dia!...

Vejo aqui um momento religioso. Você falou, há pouco, da filialidade que eu tentei descrever em sua originalidade, que interrompia a persistência do idêntico em sua identidade. Que o idêntico, por excelência, o eu, tenha um filho separado dele, um outro, o qual, entretanto, é como se ele não fosse inteiramente outro, mas como se em sua alteridade eu pudesse ser afetado, é, no final das contas, paradoxal. E nesse sentido, se quiser, maravilhoso ou religioso... Penso que a temática de minha relação com o filho tem uma relação com o problema da morte, como se sua morte me concernisse mais do que a minha, como se eu fosse em direção a ele, para além do apego a meu ser. Eis um tema sobre o qual eu pensei muito. Não me refugio nas coisas não escritas, há problemas sobre os quais se deve ainda refletir, eu lhe faço alusão a isso desde já. É nessa direção que eu buscaria a significação do filho, a significação da descendência... uma maneira, para mim, de ter possibilidades que – de algum modo – estão além de minhas possibilidades. Do ponto de vista lógico ou ontológico, é um grande paradoxo, visto que minhas possibilidades estão sempre contidas em meu ser. Não se pode poder para além de seu ser. O filho faz coisas, tem um outro destino que não o meu, e trata-se ao mesmo tempo do meu destino e não é o meu destino. Há igualmente em mim a responsabilidade em relação ao filho, e há em sua alteridade algo que ultrapassa minha própria finitude.

Eis como eu lhe responderia sem pronunciar palavras definitivas: eis uma direção em que se poderia buscar.

E, paralelamente, será que fazer uma obra não tem também relação com o desbordamento de si?

Sim, podemos pensar que há uma filialidade na obra. Não importa qual instrumento, não importa que ferramenta você faz, haverá um "destino" através de outros, que não eu, que dele se servirão; mas é de fato uma significação em que a alienação é muito mais radical do que a de uma obra escrita ou de uma obra de arte; os outros, que entrarão pela leitura e pela interpretação, irão participar mais de meu destino do que utilizando uma máquina que eu tivesse fabricado. Um grande texto, uma grande obra, participa dessa essência de escritura, no sentido religioso do termo, e pede uma interpretação. Há toda uma nova destinação através da interpretação. Aí também há uma filialidade para com este futuro leitor que sou eu, que tem uma relação de filialidade comigo, e que, ao mesmo tempo, lerá livremente a obra que veio de mim e que a interpretará segundo seu ser para ele.

Não se pode pensar que há aqui uma multiplicação do milagre da filialidade, mas simplesmente pensar que o milagre da filialidade é mais complexo, e que ter um filho não é somente largá-lo à sua sorte.

Pelo contrário, é toda sua vida, tudo o que ele lerá, tudo o que ele escreverá que me pertencerá de certo modo através desse filho e através da obra.

E pode-se pensar em filialidades que não sejam de ordem biológica, que sejam espirituais, como de mestre para discípulo?

A fraternidade? Eu não sei se todo ser, todo homem, pode sentir-se meu filho, mas pode haver aí fraternidade entre nós.

A verdadeira fraternidade é a fraternidade pelo fato de que o outro me concerne, é na medida em que ele é estrangeiro que ele é meu irmão.

Você só compreende a fraternidade declarando-a não biológica. Caim não é o irmão de Abel! A verdadeira "fraternidade" deve fundar-se após o escândalo dessa morte, que é uma morte de estrangeiro. Mas eu quero dizer que a relação entre pai e filho é uma modalidade dessa "estrangeiridade" diferente, certamente há uma receptividade possível no que diz respeito a algum outro que se torna central, assim como, certamente, há na posição de mestre a aluno situações em que o aluno se torna filho. No pensamento judaico, a relação de mestre com aluno é mais paternal que a relação de pai com filho. É uma coisa absolutamente extraordinária, há mais deveres do filho no que diz respeito a seu mestre do que no que diz respeito a seu pai. E quando o pai é o mestre...

Com bastante freqüência, o senhor é apresentado como um pensador judeu. Isso tem algum sentido para o senhor?

Ah, ouça, eu fico bem contente por você ter colocado essa questão. Considerar-me como um pensador judeu é uma coisa que, em si, não me ofende em absolutamente nada. Eu sou judeu, e, decerto, tenho leituras, contatos e tradições especificamente judaicos, que não renego. Mas protesto contra essa fórmula quando se entende por isso alguém que ousa fazer aproximações entre conceitos baseados unicamente sobre a tradição e os textos religiosos sem dar-se ao trabalho de passar pela crítica filosófica. Há duas maneiras de ler um versículo. Há aquela que consiste em fazer um apelo à tradição, prestando-lhe o valor de premissa em suas conclusões, sem desconfiar e sem mesmo dar-se conta dos pressupostos dessa tradição e sem mesmo transpor seus modos de exprimir-se com todos os particularismos que podem se produzir nessa linguagem. E há uma segunda leitura que consiste não absolutamente em contestar tudo de pronto, do ponto de vista filosófico, mas em traduzir e em aceitar as sugestões de um pensamento que, traduzido, possa justificar-se por aquilo que se manifesta. Para mim, minha relação com a fenomenologia era extremamente importante: dizer para todo sentido sugestivo qual é o contexto desse sentido, qual é seu pressuposto de atos intelectuais e de atmosfera espiritual. Por certo, eu me esforço em entrar, em primeiro lugar, na linguagem da tradição não-filosófica vinculada à compreensão religiosa das escrituras judaicas; eu a adoto, mas essa adoção não é o momento filosófico de meu esforço, eu sou nisso simplesmente um fiel. O fiel pode buscar atrás da inteligibilidade adotada uma inteligibilidade objetivamente comunicável. Uma verdade filosófica não pode se basear na autoridade do versículo. É preciso que o versículo seja fenomenologicamente justificado. Mas o versículo pode permitir a busca de uma razão. Eis em qual sentido a expressão "você é filósofo judeu" me agrada. Ela me irrita quando há a insinuação de que eu provo pelo versículo, quando por vezes eu procuro pela sabedoria antiga e ilustro por esse versículo, sim, mas eu não provo pelo versículo.

É por isso que, aliás, alguém que é totalmente estranho à tradição judaica, como eu, pode ler muito bem o senhor como um filósofo.

Sim, eu separo bem nitidamente esses dois tipos de trabalhos: eu mesmo tenho dois editores, um que publica meus textos ditos confessionais, outro que publica meus textos ditos puramente filosóficos. Eu separo as duas ordens. Muito amiúde, em meus comentários, não somente filosóficos, mas tradicionais, eu recorro a certas coisas que são entendidas por entre pessoas de diferentes crenças. Há situações em que, no versículo – que desempenha sempre inicialmente o papel de ilustração ou de sugestão –, surge uma idéia que assume uma certa força devido ao fato de que esse contexto religioso leva um acento filosófico. Ela é bem-vinda para o texto filosófico e recebe toda a expressão que merece e guarda a fórmula que possui no versículo. A noção do "Não matarás", eu lhe dou uma significação que não é a de uma simples proibição de homicídio caracterizado; ela se torna uma definição ou uma descrição fundamental do acontecimento humano do ser, que é uma

permanente prudência no que diz respeito ao ato violento e assassino para com o outro, que é talvez a própria
contenção de ser violento, como se imposição mesma de
sua existência fosse sempre a de atentar contra a vida
de alguém. E aí, eu retomo um texto que posso considerar
também como filosófico, ainda que ele seja de um filósofo
religioso e cristão. Eu citei agora há pouco: "Meu lugar
ao sol pode ser a imagem ou o começo de todas as usur-
pações". Evidentemente, é uma visão das coisas em que a
idéia de uma terra nutriente, sobre a qual temos absoluto
direito, é posta em questão, mas este colocar em causa é
filosófico, não é simples referência, como aprouveria dizer,
à tradição migratória do judeu eterno...

*Sim, porque quando se fala pensador judeu, imediata-
mente...*

Pensa-se nisso, sim! É bem importante que tenha sido
Pascal quem o disse. É grandioso: "Meu lugar ao sol..."
mas é a primeira evidência: "Já há aí a usurpação de toda
a terra", quer dizer, o fato de privar todos os outros de seu
lugar. Veja, eu lhe darei um exemplo... Do mesmo modo,
"Amarás o estrangeiro", que se encontra na *Bíblia* trinta
e seis vezes, tão somente no *Pentateuco*, trinta e seis vezes, segundo um texto talmúdico que acrescenta: "e talvez
mesmo quarenta e seis". Quando ele diz "trinta e seis e talvez quarenta e seis", isso quer dizer talvez cinqüenta e seis,
talvez sessenta e seis... é uma maneira de dizer que o importante é sentir para além de todo cuidado estatístico na
tradição. E então chega-se entender essa fórmula: "Amarás
o estrangeiro", não como uma política anti-Le Pen[8], mas
como afirmação audaciosa e verdadeira de que o próprio
amor e a própria afetividade e o próprio sentimento têm
seu lugar inicial na relação com o outro, com o estrangeiro
que todo homem é para todo outro homem. No fim de
contas, todo o mundo é estrangeiro – "Eu sou um estran-

8. Político francês da ultra-direita. (N. da T.)

geiro sobre a terra", diz um versículo dos *Salmos*, "Dá-me tua lei", outro versículo de pronto filosófico. Não somente a confissão de um povo sem terra, mas a significação dessa presença na terra do exilado atrás do autóctone, que é a definição do puro sujeito transcendental e a necessidade primordial da Lei moral nesse exílio.

O senhor diria que é um pensador religioso?

Mais uma vez, isso pode significar: o senhor é crente, pratica alguma religião, mas, em todo caso, não enquanto pensador. Porque o religioso significa: será que na sua casa, em seu pensamento, intervêm as verdades da revelação adquirida de uma vez por todas como verdades que constituem a base de sua vida filosófica? Creio que não.

Mas pode haver também aí – eu me repito – sugestões, apelos à análise ou à pesquisa nos textos religiosos, isto é, na *Bíblia*. Se você me colocar a questão de outro modo: será que o senhor pensa que a *Bíblia* é essencial ao pensamento? Eu responderia: sim!

Ao lado da filosofia grega, a qual promove o ato de conhecer como o ato espiritual por excelência, o homem é aquele que busca a verdade. A *Bíblia* nos ensina que o homem é aquele que ama seu próximo, e que o fato de amar seu próximo é uma modalidade da vida que é sentida ou pensada como tão fundamental – eu diria mais fundamental – quanto o conhecimento do objeto e quanto a verdade enquanto conhecimento de objetos.

Nesse sentido aí, se estimamos que essa segunda maneira de engendrar o pensamento é religiosa, eu sou um pensador religioso! Eu penso que a Europa são a *Bíblia* e os gregos, mas é a *Bíblia* também que torna necessários os gregos.

Quer dizer, de fato, a religião e a filosofia gregas?

Sim, enfim, a religião tal como a *Bíblia* a narra, a promove... Porque o humano começa, ou, se preferir, o sujeito começa a partir de sua relação, de sua obrigação para com o outro. Há na *Bíblia,* por certo, toda uma vida ritual, ela é provavelmente não menos essencial, e é preciso interpretá-la, mas o traço fundamental da *Bíblia* é o fato de ela colocar o outro como que em relação comigo, ou, antes, a afirmação de meu ser como que consagrado a outrem: "Tu não matarás" ou "Tu amarás o estrangeiro" ou "Tu amarás o teu próximo como a ti mesmo", "como a ti mesmo" é muito importante e se junta ao "Tu amarás o estrangeiro", porque "Tu amarás o teu próximo como a ti mesmo" significaria, a rigor, que o apego a mim é o apego fundamental e que, de tempo em tempo, é necessário projetá-lo sobre outrem, e é por isso que "Tu amarás o estrangeiro" é tão importante – dito 36 ou 46 vezes – é tão importante quanto o "Tu amarás o teu próximo como a ti mesmo". Todo o resto é uma ética de comportamento no que diz respeito a outrem, em diversos graus, diversas alturas. Toda a característica do homem através do *Pentateuco* e dos *Profetas* é a do homem como sujeito independente e responsável por outrem. Eis em que sentido a *Bíblia* é tão importante... O grande problema consistiria em perguntar-se qual é a relação entre os dois, seria simplesmente a convergência de duas influências que constituem o europeu? O europeu, eu não sei se é muito comum dizer isso, mas, para mim, o homem europeu é central, apesar de tudo o que nos aconteceu nesse século xx, apesar do "Pensamento Selvagem"... O "Pensamento Selvagem" é um pensamento que um europeu soube descobrir, não são os pensadores selvagens que reencontraram nosso pensamento; há uma espécie de envolvimento de todo pensamento pelo sujeito europeu. A Europa tem muitas coisas a serem reprovadas: sua história foi uma história de sangue e de guerra também, mas foi também o lugar onde esse sangue e essa guerra foram lamentados e constituem uma má consciência, uma má consciência da Europa que é o retorno da Europa, não para a Grécia, mas para a *Bíblia.* Antigo ou Novo Testamento – mas é no Antigo Testamento que tudo, em minha opinião, está posto… Eis o sentido em que eu responderia à sua questão: Será que sou um pensador religioso? Eu digo por vezes: o homem é a Europa e a *Bíblia*, e todo o resto pode traduzir-se nisso.

Em seu pensamento, pareceria que o senhor dá um sentido novo a certas palavras, eu penso especialmente na palavra de Deus ou na palavra da eleição. A eleição do povo judeu é freqüentemente mal compreendida, e o senhor exprimiu com exatidão o seu sentido.

A eleição do povo judeu é uma crença religiosa, porém, até no plano tradicional, não-filosófico, é necessário precisar que isto sempre foi considerado como uma sobrecarga de responsabilidade, e como uma sobrecarga de responsabilidade exigida a si bem mais do que aos outros. Evidentemente, isso às vezes toma a feição de uma excelência, de uma pretensão à aristocracia no mau sentido do termo, o direito a privilégios. No pensamento autêntico, isso significa uma sobrecarga de obrigações. Que essa consideração suplementar, que essa precaução suplementar, no que diz respeito a si, apareçam à guisa de ritos é talvez o sentido do rito, e da prática no judaísmo, mas em um sentido independente da eleição entendida como privilégio, como se os israelitas sentissem ter mais obrigações e mais deveres do que os outros, o que aliás lhes causou muitos mal-entendidos. Mas volto ao meu tema da responsabilidade. Na responsabilidade, eu descrevi a relação do Eu (*Moi*) com o outro, com o outro como único, enquanto responsabilidade para com o outro e já não-indiferença e amor. Não o amor gozado, o amor gozador, mas sim a extrema importância de outrem como único, unicidade pela qual o próximo me é precisamente um outro, ou seja, como que arrancado ao gênero comum que nos une; a responsabilidade para com o outro não é precisamente um simples parentesco. O outro homem é outro como único em seu gênero, e, como ser que é

107

amado, único no mundo. A partir do momento que você o percebe indivíduo de seu gênero, ele já lhe é uma "espécie de"… Mas encontrá-lo em sua unidade humana não é deixá-lo cair, eis a responsabilidade e a não-in-diferença para com o outro! A gente é responsável por aquele que encontramos na rua, e essa responsabilidade não é cessível, e é nessa unicidade da responsabilidade irrecusável que é, no fim das contas, minha própria unicidade. Eu sou responsável imediatamente, eu e não um outro, e esse "eu e não um outro" é o mundo no qual sou único, como o é o outro homem pelo qual sou responsável. Eu me substituo a ele nessa responsabilidade, eu sou seu refém, responsável sem nada ter cometido a seu respeito, e responsável ainda que ele não seja nada para mim e porque ele não me é nada.

O outro homem é único. Mas eu também…

Onde está minha unicidade? No momento em que sou responsável pelo outro, eu sou único. Eu sou único enquanto insubstituível, enquanto que eleito para responder por ele. Responsabilidade vivenciada como eleição. O responsável não podendo passar o apelo recebido e sua função a algum outro; eticamente, a responsabilidade é irrecusável. O eu responsável é insubstituível, não intercambiável, a ele é ordenada a unicidade. A bem dizer, a responsabilidade certamente pode ser substituída, mas quando as relações entre as pessoas se estabelecem no seio de uma multiplicidade e são regidas, não de um a outro na relação direta do face-a-face, mas através de uma multiplicidade humana. É preciso organizar essa multiplicidade de homens, calcular, organizar. Eu posso ceder minha responsabilidade em uma sociedade organizada em Estado, em justiça. Mas ainda aí, o que fundamenta essa exigência de justiça, o que me obriga a buscar justiça, é o fato de que sou responsável pelo outro homem. Eu chamei essa unicidade do eu na responsabilidade de sua eleição. Em grande medida, evidentemente, há aqui uma remessa da eleição que é tratada na *Bíblia*. Ela é pensada como o segredo último de minha subjetividade. Eu sou eu (*Moi*), não enquanto senhor que abraça o mundo [em seu poder] e o domina, mas na medida em que é convocado de uma maneira incessível, na impossibilidade de recusar essa eleição, levando o mal a realizar-se ao recusá-la. A liberdade é aqui uma necessidade, mas esta necessidade é também uma liberdade. Eis como eu responderia à sua questão sobre eleição. A noção da eleição tal como eu a apresento não é uma categoria já religiosa, ela tem uma origem ética, fique claro, e significa um excedente [ou uma sobrecarga] de obrigações. Não creia que o bom Deus seja malvado elegendo a você em sua unicidade porque, evidentemente, isso dá confusão, mas é o bem. Eu volto à sua questão de hoje sobre a noção do bem. Não é uma felicidade essa posição de responsável, mas é uma dignidade e uma eleição, e se deve ser grato por se ter sido eleito. E ainda – e isso será um chamado da religião – devemos ter a gratidão de dever a Deus gratidão… "Nós devemos a gratidão de ter a gratidão" é uma expressão litúrgica que sempre me pareceu bizarra ou extraordinária. Isso não significa "Eu lhe devo a gratidão de ter recebido alguma coisa", e sim significa que temos gratidão precisamente de ter a gratidão, gratidão por esta situação em aparência inferior àquele que agradece – quando o Superior é Deus.

Agradecemos por dar ao invés de receber?

Ah, isso mesmo! Mas ainda a gente agradece por estar na posição de dever a gratidão por uma situação sem dúvida inferior, situação de infância – que é a graça suprema!

Considerar outrem não em sua unicidade mas como o indivíduo de um gênero, eu penso notadamente no discurso político, não é no fim das contas evitar o encontro com outrem, uma vez que sempre será um grupo e jamais um indivíduo que falará?

Não, há uma motivação justificada dessa consideração de outrem como gênero, dessa aparição política, e eu lhe dei a razão disso. Nós vivemos em uma multiplicidade humana; fora do outro, há sempre um terceiro, e há o quarto, o quinto, o sexto… Estou, em minha responsabilidade exclusiva para com o um, pensando acerca dos outros, eu não posso negligenciar ninguém. É então que sou obrigado a pensar o outro sob um gênero, ou no Estado. É o fato de ser cidadão e não simplesmente uma alma. O cidadão é um senhor que se colou um gênero, ou um senhor que deu a si um gênero, ou um senhor a quem eu dei um gênero. É preciso julgar, é preciso conhecer, é preciso fazer justiça. É o momento em que toda a sabedoria grega é essencial. Eu disse agora há pouco: a *Bíblia e* a Grécia. Eis o momento da Grécia, todo o pensamento político da Grécia, não somente esse ato inicial de abarcar os indivíduos sob um gênero, de fazê-los entrar em uma lógica. Tudo o que desenvolvi até o presente sobre a unicidade era a pré-lógica. Não o pensamento selvagem, tranquilize-se! A pré-lógica. Só que é preciso passar pela lógica agora, é preciso compará-las, é preciso dizer quem é culpada dentre as duas, e isso só é possível no Estado. São necessários instituições e procedimentos jurídicos. Você torna a encontrar a necessidade do Estado. Primeira violência, claro, em relação à caridade que se torna necessária precisamente pela caridade inspirada pelo rosto do próximo. Se ele não tivesse se apresentado, teríamos uma multiplicidade de pura violência.

O Estado considera o indivíduo em seu gênero.

Em seu gênero e através das instituições. Por conse-qüência, a obra do Estado vem se acrescentar, ao negá-la, de alguma maneira, a essa obra de responsabilidade interpessoal que toca o indivíduo em sua unicidade e que é a obra do indivíduo em sua unicidade de responsável; responsável segundo uma condição de refém, visto que ele responde pelo que jamais fez, visto que ele não responde por nenhum ato de liberdade cometida previamente, visto que ele responde por um passado que não é o seu e que jamais lhe foi presente. Filosoficamente, situação notável nessa responsabilidade de refém! Idéia de um passado que jamais foi meu presente, passado imemorial, passado provavelmente absoluto, passado em sua categoria própria. E então, há esse reaparecimento sob a condição de gênero, questão sobre a qual falamos antes: se, no fim das contas, os que são únicos devem reaparecer sob a condição de gênero, por que insistir de tal modo na unicidade? Não fizemos uma construção inútil? Já que é preciso passar pela idéia do Estado, não podemos chegar aí a partir do princípio de Hobbes, do "homem lobo do homem"? Chegamos ao Estado com um pouco de razão, um pouco de espírito grego: essa guerra de todos contra todos leva os homens a construir um Estado legal em que se estabelecem princípios gerais aos quais as pessoas se dobram porque garantem a uns que outros também vão se dobrar a eles. Tudo resulta do troco ameaçador à situação em que o homem é o lobo do homem. Por que, então, insistir na noção do homem que não é o lobo do homem, do homem responsável pelo outro homem que sempre lhe incumbe? Eu penso que a universalidade da lei no Estado – sempre violência feita no particular – não é abandono puro e simples, uma vez que, enquanto o Estado permanece liberal, sua lei permanece ainda inacabada e pode ser mais justa que a justiça efetiva. A consciência, se preferir, de que a justiça sobre a qual o Estado se baseia, nesse momento, é ainda uma justiça imperfeita. É mesmo preciso pensá-la de uma maneira mais concreta com a preocupação dos direitos do homem que não pode coincidir, em minha opinião, com a presença do governo. O cuidado com os direitos humanos não é uma função estatal, é no Estado uma instituição não estatal, é o chamado da humanidade ainda não realizado no Estado. Voltamos a essa sobrecarga da caridade ou da misericórdia da qual saiu o Estado, primeira coisa importante. Segunda coisa importante: no

Estado, em que as leis funcionam em sua generalidade, em que os veredictos são pronunciados com a preocupação da universalidade, uma vez proferida a justiça, ainda há para a pessoa, enquanto única e responsável, a possibilidade ou o apelo para encontrar algo que vai revisar esse rigor da justiça sempre rigorosa. Abrandar essa justiça, ouvir esse apelo pessoal, é o papel de cada um. É sob essa forma que é preciso falar de um retorno da caridade e da misericórdia. A caridade é um termo cristão; é também um termo bíblico geral, pois a palavra *hassed* significa justamente a caridade ou a misericórdia. Há esse apelo à misericórdia por trás da justiça: eis como a necessidade do Estado pode não excluir a caridade. Eu poderia te dar aqui, se quisesse, uma ilustração não por um exemplo, mas por um texto de origem judaica. Há, dizem os rabinos, que são vistos como pessoas terríveis, propondo problemas minuciosos e ridículos – forma sob a qual eles tratam as questões mais graves –, há uma questão na Escritura. Um versículo diz: "O juiz não olha o rosto de cada um", quer dizer, que ele não olha quem está diante dele e que não considera sua situação particular. Para ele, trata-se simplesmente de alguém que tem de responder à acusação. E há um outro versículo, versículo de bênção dos sacerdotes, que diz: "O Eterno vira seu rosto em direção para ti". Os rabinos respondem à sua maneira: "Antes do veredicto, nada de rosto; mas, uma vez pronunciado o julgamento, Ele olha o rosto". Fico muito contente de ter podido dar um exemplo do que pode ser a ilustração pelo versículo; eu não parti de maneira alguma desse texto, eu descobri a relação depois. É de fato muito estranho...

Essa presença do singular no universal, no Estado, não se poderia reencontrá-la na condição do povo judeu? O testemunho que o povo judeu tem a oferecer para a humanidade não é precisamente sua singularidade no universal, esse singular para o universal?

Vou reter a idéia de contribuição oferecida ao universal porque isso não ofende ninguém. O próprio Papa, em suas declarações após o Concílio, na famosa *Nostra Aetate*, reconheceu à existência do povo judeu quase um caráter de necessidade. Eu não sei repetir suas fórmulas exatamente, mas ele disse que é preciso escutar o que dizem os judeus, que é preciso escutar suas leituras; ele não quis dizer simplesmente que é preciso ser cortês em relação a eles. Tudo se passa como se ainda houvesse, apesar do "tudo foi consumado", uma significação permanente do judaísmo religioso nas perspectivas cristãs. O que quero dizer é: uma significação concreta da persistência do povo judeu, de sua leitura e do que ele diz e do que ele interpreta.

Eu gostaria que voltássemos a essa questão da necessidade do povo judeu.

Ouça, eu não estou certo que "necessidade" seja a palavra. Mas em todo o caso, a palavra pronunciada pelo Papa era uma palavra de sentido positivo que dava um valor à sobrevivência do judaísmo, certamente um valor outro da palavra que se dá a toda e qualquer vida. Ele até empregou, em sua visita à sinagoga de Roma, os termos "irmãos mais velhos", ao falar dos judeus. Sem dúvida, os irmãos mais velhos são com freqüência citados na *Bíblia* como aqueles que não se deram bem, mas a expressão queria sugerir: aqueles dos quais podemos esperar qualquer coisa em razão de sua experiência, experiência preciosa que pode servir aos mais jovens. Se quiser que eu toque no problema das relações judaico-cristãs hoje em dia, é necessário que eu proponha esse problema de um modo mais geral. A grande dificuldade, ou o grande mal-entendido, reside, certamente, na história do cristianismo. Com livros que não têm em sua totalidade uma significação exclusivamente dogmática, mas que falam de caridade e de amor para com outrem – o Sermão da Montanha é, para todo leitor, um texto admirável –, houve na história da Igreja anos terríveis. Para nós, as lembranças da Inquisição e das Cruzadas conservam uma significação antijudaica, cuja atmosfera se estende pelos séculos, atmosfera cruel demais, dura demais. O pensamento duro para o judeu através da história era pensar que a suave figura do Crucificado se conformava com essas crueldades. Era a contradição fundamental da caridade da nova mensagem. Tudo isso, hoje em dia, nada mais é, às vezes, do que lembrança, mas, outras vezes, de lembranças ainda recentes. Eu perguntei outro dia a um religioso alemão, extremamente aberto e santo homem, por que, durante as Cruzadas, Jesus permaneceu imóvel na cruz. Ele me respondeu: "O senhor compreende, o Cristo foi assim até o extremo de sua provação. Foi, se quiser, o ápice de sua humildade. Suportar os atos cruéis cometidos pelos cristãos era a humildade última de sua Paixão". A este respeito, eu lhe respondi: "Não vamos estar de acordo então. O sofrimento infligido aqui não era unicamente o seu, era também o sofrimento das vítimas". Para mim, o momento mais importante do drama judaico-cristão é o drama hitleriano em que os judeus conheceram, certamente, a caridade cristã à qual eu jamais serei grato o suficiente, mas eles também sabiam que os carrascos de Auschwitz devem ter feito todos o seu catecismo, e isso não os impediu de cometer seus crimes. Mas talvez eu esteja errado em insistir: tudo o que conhecemos na França, e mesmo na Polônia e até na Lituânia, como caridade cristã, deve ser lembrado antes de tudo. Coisas inesquecíveis. Penso que, no fim das contas, houve na Igreja, diante dessa tortura, diante dessa miséria, diante desse abismo do hitlerismo, uma compreensão, testemunhada diretamente à população judaica. Aí começa, na minha opinião, um novo período nas relações judaico-cristãs. Em minha visão intelectual em particular, um grande papel foi desempenhado – desde 1935 quando eu a conheci – pela filosofia de Franz Rosenzweig. Eu lhe diria duas palavras acerca dessa filosofia demasiado complexa para ser exposta aqui e cujas posições todas não podem ser enumeradas numa

114

só linha, nem todos os percursos e nem todos os desenvolvimentos. Aliás, não sigo Rosenzweig o tempo todo,
ainda que eu tenha adotado certas posições fundamentais
de seu pensamento puramente teórico. Esse filósofo sustenta que a verdade por ela mesma – de modo algum por
causa de acidentes de sua história, mas por essência – se
manifesta sob duas formas, a judaica e a cristã, que essas
duas formas são insubstituíveis, inconvertíveis uma na
outra, mas indispensáveis uma à outra, sem que se possa
dizer a respeito de nenhuma que ela é melhor que a outra.
Rosenzweig nasceu no seio de uma família extremamente
assimilada, bem próxima de uma conversão ao cristianismo. Muitos membros de sua família eram cristãos; ele,
porém, permaneceu judeu e tornou-se um judeu extremamente ardoroso, mas sustentando precisamente o que eu
acabo de lhe dizer. É um pensamento característico para
um judeu europeu, para um judeu assimilado, embora
tenha fugido das formas habituais do judeu assimilado.
Ele morreu bastante jovem, em 1929, em um ambiente
judaico que ele havia reconstituido à sua volta, plenamente. Rosenzweig sustentava que o judeu está próximo do
Senhor, que o mundo ainda não está perto do Senhor, e
que o cristianismo é a maneira pela qual aqueles que não
estão próximos do Senhor vão pelo mundo em direção a
Ele. A figura do Cristo voltada para Deus convoca todos os
homens: no sentido do judaísmo extremo fim desde logo,
mas não para todo o mundo. Portanto, há dois momentos
diferentes, porém os dois indispensáveis. Quaisquer que
sejam as partes contestáveis dessa tese, permanece notável
o acontecimento: pela primeira vez na história religiosa,
o enunciado de uma verdade sob forma de duas verdades
suscetíveis de se reconhecerem mutuamente sem se coin-
cidirem. Temos o nós, mas igualmente os outros. Eu não
digo que essa dualidade seja fácil de viver e de pensar e de
se tornar consciência cotidiana. O fato que isso pôde ser
pensado por uma rigorosa e total inteligência, e por um
homem muito puro e de cultura européia integral, sempre

115

me impressionou como signo precursor de uma nova paz. É por isso que os acontecimentos como o texto da *Nostra Aetate* e a visita do Papa à sinagoga de Roma – eu lamento muito que ainda não tenha havido o reconhecimento por parte da Igreja do Estado de Israel – são acontecimentos importantes e extremamente marcantes, atestando para além deles possibilidades novas.

Depois de ter falado de Rosenzweig, falemos, se o senhor desejar, de Martin Buber. Creio que o senhor o conheceu.

Sim, eu o conheci pessoalmente depois da guerra. Aproximam freqüentemente o meu interesse pela relação intersubjetiva, meu tema principal, da filosofia de Buber que distinguiu o Eu-Tu, relação entre pessoas, do Eu-Isto, relação do homem com as coisas. A relação com o outro homem é irredutível ao conhecimento de um objeto. É certamente um terreno de reflexões que Buber palmilhou antes de mim. Quando alguém trabalhou, mesmo sem que o saiba, sobre um terreno que já havia sido laborado por um outro, ele deve lealdade e gratidão ao pioneiro. Eu não posso recusar a Martin Buber, mesmo que, de fato, não foi partindo da obra buberiana que eu fui levado à reflexão sobre a alteridade de outrem, à qual são consagrados meus modestos escritos. Gabriel Marcel também chegou de maneira completamente independente a essa reflexão. Eu não sei se ele reconhecia a paternidade de Buber, mas falava de bom grado de um parentesco. Eu estou, pois, bem próximo das teses buberianas, apesar do brilho de gênio que seus livros apresentam e do potencial poético de sua expressão muito inspirada. Seu pensamento é universalmente conhecido e exerceu uma grande influência pelo mundo todo. Mas, gênio multiforme, Buber consagrou ao hassidismo, que me é totalmente estranho, uma obra considerável que quase introduziu o hassidismo na sensibilidade européia. Ele escreveu contos e romances nos quais seus pensamentos filosóficos também se fazem expressar. Eu li um pouco tarde seu grande livro *Le Je et le Tu* (Eu e Tu), livro fundamental em que a relação interpessoal é distinguida da relação sujeito-objeto de um modo bastante convincente e brilhante, e com muita finura. A grande coisa que nos separa, ou a pequena – quando se fala de alguém de quem a gente se aproxima, diz-se com freqüência: "Nas pequenas coisas, há diferenças entre nós" –, a principal coisa que nos separa é o que eu chamo de assimetria da relação Eu-Tu. Para Buber, a relação entre o Eu e o Tu é de pronto vivenciada como reciprocidade. Meu ponto de partida está em Dostoiévski e em sua frase que citei a pouco: "Cada um de nós é culpado diante de todos, por todos e por tudo, e eu mais que os outros". O sentimento que o Eu deve todo ao Tu, e que sua responsabilidade para outrem é gratidão, que o outro sempre tem, e *de direito*, um direito sobre Mim (*Moi*): tudo o que eu lhe disse agora há pouco a respeito desse "eu" (*je*) submetido à obrigação, desse "eu" (*je*) ordenado no rosto de outrem – com essa dupla estrutura de miséria humana e do verbo de Deus –, tudo isso representa talvez um tema fundamentalmente diferente daquele que Burber aborda. Eu não quero desenvolver mais a questão, pretendo reeditar em breve um texto sobre minha relação com Buber. Creio ter podido levantar muitos pontos de diferença. Mas o que é central é o tema da assimetria, que determina uma maneira de falar diferente entre nós. Eu li, por conseguinte, Buber com muito respeito e atenção; mas me acontece, por vezes, não estar de acordo com ele. Eu lhe contarei sobre uma leitura recente em que Buber me espantou muito. É um texto de Buber relativo à sua biografia. Aí ocorre um encontro com um velho judeu muito devoto que lhe propõe uma questão relativa ao versículo 1, *Samuel* 15, 33, em que o profeta ordena ao rei Saul apagar do mapa e da História o reino de Amalec, que, na tradição bíblica e talmúdica, encarna o mal radical. Não fora Amalec o primeiro a atacar covardemente os israelitas que saíam do Egito, escravos apenas libertos? Não discutamos nem história nem historicidade. O sentido das hipérboles bíblicas está em buscar nos contextos dessas hipérboles e qualquer que seja a distância entre os versículos! Há em *Deuteronômio* 25,12[9]: "Quando, pois, o Eterno, teu Deus, tiver te livrado de todos os teus inimigos em redor, na terra que Ele te deu… tu apagarás a memória de Amalec de debaixo dos céus". Cabe ao homem libertado do mal desferir no mal o golpe final. Saul não cumpriu sua missão. Ele não sabe apagar [de sua memória]. Ele poupa Agag de Amalec e volta com um saque, as melhores peças dos rebanhos amalequitas. Cena onde o profeta Samuel pede satisfações. Diálogo: "O que são esses balidos que ferem meus ouvidos e esses mugidos de bois? – É para sacrificar ao Eterno, teu Deus. – O Eterno não gosta de holocaustos, gosta que sua voz seja obedecida. Que tragam o rei Agag". Samuel o mata, ele próprio, ali mesmo. Crueldade de Samuel, no entanto, filho da mulher mais terna do mundo, filho de Ana. Questão colocada a Buber: Como ele pôde fazer isso? Resposta de Buber: O profeta não entendeu o que Deus lhe ordenava. Buber pensava sem dúvida que sua consciência o informava melhor que os livros sobre a vontade de Deus! E porque ele não leu em I, *Samuel* 15, 33, a fala do profeta: "Assim como tua espada desolou as mães, assim fique tua mãe desolada entre as mulheres". Eu nem sempre estou de acordo com Buber, eu lhe disse. Continuo a pensar que sem uma atenção extrema ao Livro dos livros, não se pode escutar a consciência. Buber, aí, não pensou em Auschwitz.

Eu gostaria que falasse agora desse homem que o senhor encontrou um pouco depois da guerra e que foi tão importante para o senhor: Monsieur Chouchani.

Eu estive muito ligado, depois da guerra, a um homem extraordinário pela altitude de seu pensamento e por sua elevação moral. Ele morreu há alguns anos, em Israel. Vi-

---

9. Na verdade, trata-se do versículo 19 e não 12, como mencionado. (N. do E.)

via bem perto daqui, era um médico ginecologista. Chamava-se Henri Nerson ou simplesmente doutor Nerson. Meu livro *Difícil Liberdade* lhe é dedicado. Foi ele que me pôs em contato, logo após a guerra, com um outro ser excepcional, extraordinário em todos os sentidos e também no nexo literal do termo. Ele não era como os outros: em sua aparência, em sua maneira exterior, não pertencia à mesma ordem que todo o mundo. Não era um vagabundo, mas acontecia que, em relação ao comum dos mortais, muito comum, ele parecia um vagabundo… Chamava-se M. Chouchani, mas eu não estou certo de que este fosse seu nome verdadeiro. Desse homem, o doutor Nerson reconhecia ter sido aluno durante vinte anos antes de me conhecer – quarenta semestres, como dizia meu amigo, rindo com complacência. Ele o conhecera em Estrasburgo. Nerson era alsaciano. Ele me prevenia também, ao me introduzir nessa que podemos chamar de atmosfera de M. Chouchani, que aquele que reivindica o jugo do estudo da *Torá* está dispensado dos jugos das civilidades, e que, em todo o caso, M. Chouchani fosse talvez o único indivíduo humano a quem esse apotegma antigo e estranho, mas venerável, podia aplicar-se com rigor. Ele se chamava M. Chouchani. Nerson não tinha mais certeza de que esse fosse o nome verdadeiro do seu mestre, o qual pensava que tudo o que concerne a um homem a título pessoal não é interessante para ele nem mesmo em determinadas circunstâncias. A enormidade desse homem residia, a princípio, no seu conhecimento dos textos judaicos, as Santas Escrituras evidentemente, mas quem ousaria fazer disto um mérito? M. Chouchani conhecia de cor toda a tradição oral à qual essas Escrituras dão lugar; conhecia de cor o *Talmud* e todos os seus comentários e os comentários dos comentários. Eu não sei se você já chegou a ver uma página de um tratado do *Talmud*. O texto da *Mischná* – registrado por escrito no século II, texto debatido na *Guemará*, registrada por escrito por volta do fim do século V, os comentários de Rashi dos séculos X e XI, prolongados pelos comentários daqueles que chamamos de tosafitas[10], prolongados ainda por comentários vindos de todos os lados e de todos os tempos. As páginas tipograficamente são algo quase prodigioso – mistura de caracteres, de referências, remessas, chamadas de toda ordem. No curso dado por Chouchani, em que fui admitido, o professor jamais tinha um livro diante de si: ele conhecia tudo de cor e podia me interromper se, diante dele, eu lesse ou decifrasse com dificuldade, no canto de qualquer página, os pequenos caracteres de um Tosafita: "Escute, você aí embaixo, no fim da linha, você saltou uma palavra!". Seus cursos eram apaixonantes apesar de sua extensão – ou por causa de sua extensão –, isto só parava por volta das duas da madrugada, após cinco ou seis horas. Mas eu não lhe conto isso senão pelo lado circense, pelo lado do malabarismo desse gênio considerável, que era indigno de seu formato um pouco monstruoso, é verdade. A gente se apercebia bem depressa, ou logo em seguida, que esse saber dos textos não era nada. Ao lado desse conhecimento puramente exterior de memória, M. Chouchani era dotado de um poder dialético extraordinário: a quantidade de noções pensadas em conjunto e combinadas deixava como que uma impressão de selvageria em suas invenções imprevisíveis! A maneira como os textos e a escritura são tratados pelos talmudistas já é extremamente complicada e erudita, mas Chouchani sabia prolongá-la em direção a outros horizontes de textos para fazer ressaltar soberamente uma dialética sempre inquieta... Eu soube que, além de todos esses incomparáveis conhecimentos das fontes, de algum modo oceanos de saber, ele havia adquirido bem cedo uma vasta cultura de matemática e de física modernas. Soube que,

---

10. Salomão Ben Isaac (Raschi), Troyes, 1040-1105, sintetizou a tendência exegética da Idade Média, constituindo-se em sua maior autoridade, preservando seus escritos para as gerações subseqüentes às velhas tradições de erudição rabínica. Um extenso corpo de discípulos e sucessores, os Tosafitas, ou "suplementadores" desenvolveu suas atividades a partir dele. (N. da E.)

depois de ter desaparecido de Paris – ele morreu em Montevidéu, na América do Sul –, ele teria dado lá cursos de física nuclear… Homem estranho no cotidiano, eu já lhe disse. A gente se perguntava do que ele vivia. Certamente de aulas. Mas, por vezes, encontrava um apaixonado por sua ciência que instigava um rico amador procedente das comunidades destruídas de judiarias da Europa Oriental onde a *Torá* tinha "boa reputação" e era apreciada por seus jogos sublimes. Esta pessoa confiscava, então, Chouchani e lhe assegurava, em troca de seu discurso, cama, mesa e todo o conforto de um lar. Mas, em um certo momento, Chouchani dizia "basta!", desaparecia e encontrava outras pessoas de diversos meios, pagantes ou não. M. Chouchani aceitou um quarto em minha casa; vinha duas ou três vezes por semana. Isto durou alguns anos, dois ou três anos, não sei te dizer exatamente e, depois, um belo dia, sem dizer adeus, ele partiu.

Isso foi em que época?

Nos anos que sucederam imediatamente a guerra, por volta dos anos de 1946, 1947… Ele desapareceu sem dizer até logo. Algum tempo depois, uma noite, umas onze horas, a campainha tocou; fui abrir e ele disse: "Sou eu!". Depois desapareceu de novo, e encontramos traços seus em Montevidéu onde morreu. Eis pois o que era esse homem. Alguém para quem a Escritura e os comentários não eram de modo algum um campo de virtuosismo. Sem poder compreender sempre o sentido último de sua sabedoria, ficava-se impressionado pela arte perfeita de sua dialética. O que me restou desse contato feito de inquietude, deslumbramento e de insônias? Um novo acesso à sabedoria rabínica e à sua significação para o humano "em suma". O judaísmo não é a *Bíblia*, é a *Bíblia* vista através do *Talmud*, através da sabedoria, da indagação e da vida religiosa rabínicas. Esta ciência tem dois modos. Há em primeiro lugar os textos que concernem aos deveres e à vida jurídica, aqueles que desenvolvem, para falar, propriamente, a Lei. Chamam isto de Halakhá, que prescreve, se preferir, a conduta cotidiana: religiosa, política, social. Muito de casuística complica todos os problemas, mas precisamente abre a nova perspectiva que transforma todos os dados do problema fundamental. Pensamento que procede de preferência por meio de exemplos do que pela abstração do conceito. Parte fundamental – e certamente a mais difícil, a mais rude do *Talmud*. Ao mesmo tempo, comporta uma parte que se chama hagádica; *Hagadá* significa narração, narração legendária. Essas são as variações da tradição, variações muito antigas, muito veneráveis, provavelmente nascidas ou ao menos retomadas nos primeiros séculos da era cristã.

O senhor poderia precisar melhor a diferença que há entre esses textos de aparência jurídica e essas narrativas legendárias?

Ao lado das partes jurídicas, há, portanto, passagens que chamamos de hagádicas, como eu lhe disse, e que são narrativas de aparência legendária, que prolongam muito as histórias contadas nas partes históricas do Antigo Testamento, conversações que não estão nem dadas ali nem mencionadas, e que têm um caráter, em uma certa medida, edificante, claro; mas, ao mesmo tempo, é sob essa forma hagádica que se narram os prolongamentos metafísicos ou os prolongamentos talvez filosóficos da própria Lei. Uma pessoa pode vir contar-lhe como, no momento em que saíam do Egito, Moisés procurava as cinzas de José para levá-las à Terra Santa. O relato não tem nenhuma significação a não ser para judeus? José não representa um certo momento de exílio e a sabedoria de um genial administrador econômico que, entretanto, permanece fiel à Terra Prometida para onde devem ser transportadas suas cinzas? Todas essas alusões não são importantes? Como, no momento de tanta urgência, quando se procurava levar José, as coisas se passaram? Essa própria urgência é contada

122

de uma maneira mais plena que na narração da *Bíblia*. Enfim, eu não posso te recontar a história mesma, mas te dar um exemplo da *Hagadá*. Você tem no *Talmud* esta história em que os detalhes apresentam uma significação provavelmente simbólica, mas à qual a gente não se apega sempre. A capacidade que tinha M. Chouchani de amplificar ou de interpretar essas partes era impressionante. Eu não sei se aprendi com ele muito da maneira como é preciso interpretar os textos puramente jurídicos, mas alguma coisa me restou, não o conteúdo, mas o modo pelo qual é preciso abordar essas histórias hagádicas. E eu me ocupei bastante disso, a princípio voltando ao texto talmúdico e tentando compreendê-lo. Eu jamais pensei em fazer um livro sobre isso, mas eu saberia como ensinar o assunto. Em particular eu ministro, nesse espírito, um curso na escola que eu dirigia outrora, todas as semanas, das onze horas ao meio-dia, ao sábado. Comento, nessa perspectiva, buscando a inspiração que ele me ensinou a procurar nos textos da seqüência hebdomadária.

Na liturgia judaica, como talvez saiba, o *Pentateuco* é dividido em cinqüenta ou 52 seqüências que seguem os *shabats* do ano. Na seqüência de cada semana, eu escolho alguns versículos que comento diante dos alunos da escola e também de um grupo de pessoas que vêm escutar, prolongar o espírito de Chouchani.

Com toda a modéstia, de verdade, porque, em si, não se é grande coisa, mas, ao lado desse homem, não se é nada. Eu lhe sou extremamente agradecido por tudo o que aprendi com ele. Em um texto hagádico do tratado de Avot, há a seguinte frase: "As palavras dos Sábios são como a cinza ardente". Podemos perguntar-mos: "por que cinzas, por que não flamas?". É que isso só se transforma em flama quando a gente sabe soprar em cima! Eu quase não aprendi a soprar. Há sempre grandes espíritos que contestam esta maneira de soprar. Eles dizem: "Veja, ele tira do texto o que não está no texto, insufla um sentido ao texto…". Mas quando fazemos isso com Goethe, quando fazemos isso com Valéry, quando fazemos isso com Corneille, esses críticos o toleram. Isto lhes parece muito mais escandaloso quando o fazemos com as Escrituras. E é preciso ter encontrado Chouchani para não se deixar convencer por esses espíritos críticos. Chouchani me ensinou: o essencial é que o sentido encontrado merece, por sua sabedoria, a busca que o revela. Isto, o texto lhe sugeriu.

Que relação o senhor tinha com o judaísmo quando conheceu M. Chouchani?

Eu sempre fui judeu, saiba disso! Quero dizer que, sinceramente, sempre tomei a peito a aventura religiosa e a aventura histórica do judaísmo como sendo a aventura central do ser humano. Bem, não estive em Auschwitz, mas, enfim, lá perdi toda a minha família. Ainda hoje me pergunto se não há um estranho ensinamento – que Deus me perdoe de dizer: um ensinamento de Auschwitz – estranho ensinamento, de acordo com o qual o começo da fé não é absolutamente a promessa, e que a fé não é, por conseguinte, algo que se possa pregar porque é difícil de pregar – ou seja, propor ao outro – alguma coisa sem promessa. Mas podemos pregá-lo a nós mesmos, podemos perguntá-lo a nós mesmos: eu não digo que sempre chego a concordar com isso. É preciso lembrar tudo o que eu lhe dizia sobre a simetria e a dessimetria: suportar Auschwitz, sem renegar Deus, é permitido talvez exigi-lo de si mesmo. Mas talvez ainda seja isso: haveria aí, por isso mesmo, uma ofensa por contradizer o desespero daqueles que iam à morte. Podemos até mesmo perguntar a nós mesmos se podemos nos permitir de dizer isso: uma religião sem promessa. Certamente a história do holocausto representou um papel muito maior que o encontro com esse homem em meu judaísmo, mas o encontro com esse homem me deu uma nova confiança nos livros. Essa fórmula que agora emprego: "o que é mais profundo que a consciência, que a interioridade, são os livros", me vem desse período com ele. Eu lhe contei a história de Buber nessa manhã dizendo minha indignação sobre o fato de que Buber pensa que sua consciência sabe mais a este respeito do que os livros; isso se refere diretamente a essa significação do livro, da qual acabo de lhe falar agora.

Como evoluiu sua reflexão após esse período? O que é que muda, o que é que continua e o que é que se aprofunda?

Esses acertos de contas são pretensiosos, precisam ser sempre refeitos. Sempre me mantive muito fiel ao que eu chamo de maneira fenomenológica, mas talvez essa importância que eu confiro na análise da alteridade me parece emergir mais de minha maneira atual de retomar a análise das Escrituras. A Escritura, podemos achar nela outra coisa também! Mas a Escritura nos fala, sobretudo – os cristãos também o dizem –, do outro homem, e nos separa desse vínculo do ser com ele mesmo. Em todo o caso, todas as passagens da Escritura em que encontramos o outro me parecem essenciais... Veja, aí não estou mais no sermão, estou na confissão! É um outro gênero do qual se deve desconfiar...

Não se sabe muito quais relações o senhor teve tanto com a atualidade intelectual como com a atualidade em geral. Penso especialmente, por exemplo, com o que foi chamado de estruturalismo...

Não, o estruturalismo, até hoje, eu não o entendo. Certamente o espírito mais eminente do século xx é Lévi-Strauss, mas eu não vejo realmente onde está o ponto central de sua visão. Ela responde, claro, do ponto de vista moral, ao que chamam de descolonização e o fim da Europa dominante, mas minha reação é primária – é, sei disso, pior que primitiva – : podemos comparar o intelecto científico de Einstein com o Pensamento selvagem... quais são as complicações, quais são as complexidades que o Pensamento Selvagem acolhe ou realiza?

Como um mundo do pensamento científico e da comunicação através do pensamento científico pode comparar-se a isso? Sem dúvida, eu não li como se deve. Certamente não é o estruturalismo que pôde me tentar. Sei que há uma prodigiosa influência... Há espíritos bem notáveis, o melhor de nossa época – o de Ricoeur – que levam isso bastante a sério...

Mas o que, de 1945 até hoje, instigou o senhor, se posso dizer isso, qual acontecimento intelectual ou político?

Fora dos mestres da fenomenologia, eu li sobretudo os textos nos quais M. Chouchani me iniciou, isto me parecia muito mais importante. Há lembranças de Léon Brunschvicg, mas houve e há Blanchot, Jean Wahl, Ricoeur, Derrida e também Vassili Grossman e o romancista israelense Agnon.

O senhor poderia nos falar de sua experiência como professor? Eu sei que o tema das aulas lhe é caro, como o senhor teve a idéia de ser professor, de tornar-se professor?

Encontrei muitas dificuldades para preparar meus cursos. Sempre me senti melhor quando eu era levado por um texto no comentário. A construção de um curso sistemático, a previsão de todas as questões e objeções sempre me pareceram abstrata e artificial. Antigamente eu dizia, brincando, que a posição do professor de ensino superior seria uma beleza não fossem as aulas do curso, e isso dizia respeito aos cursos que interrompem a pesquisa... Sobretudo um ensino que quer comunicar alguma coisa própria – não me refiro a alguma coisa absolutamente nova, mas a algo de mais pessoal, é preciso ver e rever, deixar amadurecer as anotações. Essa maneira de ter vencido todos os problemas que se nos propõe, quando se é professor, é algo difícil e um pouco angustiante também. Por outro lado, tudo o que foi pensado por algum outro, mesmo se ele deixa questões em aberto, é, ao contrário, bem-vindo, seu preparo é muito mais apaixonante. A preparação de um curso magistral é a difícil tarefa do ensino, e eu admiro sempre os colegas que o fazem com elegância, como se tivessem tudo resolvido.

A parte mais excitante é a explicação de um texto que lhe apresenta as mesmas questões que aos ouvintes, e na qual o esforço consiste em reavivar as questões dissimuladas. Deve-se de todo modo assoprar sobre as cinzas ardentes para que a chama se eleve. Minha carreira oficial – deixei em 1976 a Sorbonne para onde Alquié me fizera vir de Nanterre –, na demanda universitária, prolonga-se em seminários até 1984. Eu quase sempre escolhi para esses seminários temas husserlianos, garantindo uma continuidade do estudo de Husserl depois de meus anos de ensino normal.

Dei também seminários, durante um ano, sobre a *Essence de la manifestation*[11], de Michel Henry, livro absolutamente excepcional.

Durante meus anos de ensino normal, eu abordava problemas de ontologia sempre com essa dificuldade, que consiste em falar de coisas que nascem, como se já tivessem nascido, saltando sobre o parto... Os temas husserlianos permitiam traçar o horizonte da atualidade pós-husserliana também.

A época de 1946-1986 teve suas idéias, suas escolas, suas doutrinas. Como o senhor atravessou todos esses movimentos? Eles o interessaram ou lhe foram indiferentes?

Fui mais leitor e espectador do que participante.

Mas, afora essa grande seriedade de uma época em que todo mundo foi marxista, todo mundo foi sartriano, todo mundo foi estruturalista.

Eu me sentia menos surpreso; mais fiel às minhas pesquisas do que seduzido pelo que folheava. Eu lhe falei de meu reconhecimento no que diz respeito a Sartre, a alegria que eu encontrava em seu dinamismo intelectual, em sua atenção ao real...

---

11. *Essência da Manifestação.*(N. da T.)

Merleau-Ponty e os jovens fenomenólogos – como Ricoeur – me atraíam mais. Mas é necessário nomear aqueles que todo mundo reconhece como momentos essenciais desse período entre 1946 e 1986, ou seja, desses quarenta anos?

O grande livro que mais me impressionou, devo dizer, é o livro de Vassili Grossman, *Vida e Destino*, traduzido do russo e que li em russo mesmo. Grossman é muito importante, sem contar seu valor como grande romancista, é uma testemunha do fim de uma certa Europa, fim definitivo da esperança de instituir a caridade à guisa de regime, o fim da esperança socialista. O fim do socialismo, no horror do stalinismo, é a maior crise espiritual da Europa moderna. O marxismo representava uma generosidade, qualquer que fosse a maneira como se compreende a doutrina materialista que é sua base. Há no marxismo o reconhecimento de outrem, há decerto a idéia de que outrem deve ele mesmo lutar por esse reconhecimento, que outrem deve tornar-se egoísta... Mas a nobre esperança consiste em *tudo reparar*, em instaurar, para além dos acasos de uma caridade individual, um regime sem mal. E o regime de caridade torna-se stalinismo e horror hitleriano. É o que mostra Grossman, que lá esteve, que havia participado do entusiasmo inicial. Testemunho absolutamente exaustivo e desespero total.

Há qualquer coisa de positivo nesse livro também; de positivo, de modestamente consolador, ou de maravilhoso, há precisamente a bondade; a bondade sem regime, o milagre da bondade; a única coisa que resta. Mas a bondade aparece em certos atos isolados; como, por exemplo, esse movimento extraordinário – um dos que terminam o livro – em que uma mulher, a mais malvada, e a mais miserável, em uma multidão enfurecida contra um alemão vencido – o mais detestado em um grupo de prisioneiros –, dá-lhe seu último pedaço de pão. Cena horrível em que os cativos tiram de uma caverna cadáveres daqueles que haviam torturado e assassinado, e eis um ato de uma bondade exterior em qualquer sistema. As cenas de bondade em um mundo inumano são disseminadas nesse livro, sem transformá-lo em livro virtuoso para os leitores virtuosos. A própria intriga amorosa, que atravessa o romance, é dominada por essa bondade pura, que vai de ser humano a ser humano. Ao mesmo tempo, é a descrição do fim da stalinização do marxismo. Eu penso na cena extraordinária das pessoas que esperam no guichê da rua Loubiana, único guichê em Moscou onde se pode comunicar qualquer coisa a um amigo ou a um parente enfermo. Eles fazem a fila. Vassili Grossman fala de uma mulher que, tomando lugar nessa fila, lê na nuca das pessoas as angústias de sua alma, em que a nuca se transforma em rosto. Passagem extraordinária…

Há também em *Vida e Destino* uma terrível lucidez; não há solução alguma do drama humano pela mudança de regime. Não há sistema de salvação. A única coisa que resta é a bondade individual de homem a homem.

Você achará, aliás, a palavra "bondade" em minha obra, em *Totalidade e Infinito*, muito antes de minha leitura de Grossman. Ética sem sistema ético.

Já que estamos no final dessa entrevista, Israel enquanto Estado é para o senhor uma evidência, um problema, uma felicidade, uma esperança, uma fonte de inquietação? O que representa para o senhor a existência do Estado de Israel?

Você toca aí em muitos sentimentos demasiado vivos! Eu diria somente que o que nas circunstâncias atuais é Estado é a única forma de Israel – povo e cultura – sobreviver.

A maneira como Israel existe traz problemas ao senhor em relação à maneira como vê o mundo?

Eu lhe diria que há muitas coisas das quais não posso falar porque não estou em Israel. Eu me proíbo de falar de Israel não estando em Israel, não correndo essa nobre aventura e esse grande risco cotidiano.

Hoje, há uma renovação dos estudos judaicos na Europa e na França em particular, e Emmanuel Lévinas tornou-se a referência obrigatória…

Devo dizer que não tenho essa impressão no que concerne a essa referência, e que, em todo o caso, esse papel certamente me esmagaria se eu tentasse desempenhá-lo. Em minha opinião, para desempenhar essa função, teria sido necessário estar mais próximo dos textos halákhicos do *Talmud.*

Mas o senhor o lê bem: para dezenas de pessoas, que não citarei os nomes, a renovação do judaísmo foi o trabalho de Emmanuel Lévinas que a proporcionou. O senhor tem uma visão disso?

Não, devo dizer que praticamente ignoro isso; não por modéstia, mas na verdade penso que é preciso muito mais para a renovação do judaísmo.

O senhor quer dizer que não há ainda um renascimento do judaísmo?

Não, é preciso muito mais. Há talvez uma abertura em minha história, mas tudo o que deve ser encontrado aí ainda não foi explorado, deve-se quase sempre desconfiar das pessoas que repetem o que se lhes abre, que não entram ali onde a abertura deve ser feita…

Não posso dizer de outro modo, não porque fosse loucura dizê-lo de outro modo, mas porque eu penso que essa seria a realidade. Acho que algumas coisas que aparecem em minhas análises e que não são citações, que não são referências a versículos, tenham talvez alguma importância, muito mais do que a repetição do texto que cito.

O senhor tem discípulos?

Não sei!… Tenho muitos amigos, alguns amigos – evitemos o que é contraditório nos termos, mas tenho alguns amigos…

O amigo de quem lhe falei, o doutor Nerson, que morreu há alguns anos em Israel, me faz falta a cada dia.

Era com ele que eu tomava coragem. Ele me transmitiu a confiança absoluta nos livros de nossa tradição judaica e daquilo que seu mestre, M. Chouchani, mostrou-lhe – como a mim um pouco – a *resistência*.

Estar só soa menos enriquecedor?

Sim… Escute, não quero desencorajar as pessoas que me lêem. Não que eu me contente com pouco, absolutamente, mas eu digo que o que lhes é preciso é muito mais do que eu posso fazer por elas.

TEXTOS DE EMMANUEL LÉVINAS

5. A CONSCIÊNCIA NÃO-INTENCIONAL*

O Método

O sentido do caminhar filosófico varia, para aquele que o percorre, conforme o momento ou o lugar em que tenta dar-se conta dele. Somente de fora é possível abarcar e julgar um tal processo em devir. Ao próprio pesquisador não resta senão o recurso de descrever os temas que o preocupam na hora em que se detém para fazer o levantamento da situação.

---

*. Comunicação feita na Universidade Berna, em 1983. Utilizamos, na presente comunicação, uma parte dos textos tomados de empréstimo a nosso estudo sobre o *Diálogo* publicada na *Christlicher Glaube in der modernen Gesellschaft* (A Fé Cristã na Sociedade Moderna), Friburgo-Brisgau, ed. Herder; e outra parte, de uma comunicação publicada pela revista *Exercices de la patience*, em seu número dedicado a Maurice Blanchot. (N. do A.)

Sem dúvida, é Husserl que está na origem de meus escritos. A ele devo o conceito de intencionalidade, que anima a consciência, e, sobretudo, a idéia dos *horizontes de sentidos* que se esbatem quando o pensamento se absorve no *pensado*, o qual sempre tem a significação do ser. *Horizontes de sentidos* que a análise, dita intencional, encontra quando se debruça sobre o *pensamento* que "esqueceu", na reflexão, e faz reviver esses horizontes do *sendo* e do *ser*. Acima de tudo, devo a Husserl – mas também a Heidegger – os princípios de tais análises, os exemplos e os modelos que me ensinaram como encontrar esses horizontes e como devo buscá-los. Aí reside, para mim, a contribuição essencial da fenomenologia a qual se ajunta o grande princípio do qual tudo depende: o pensado – objeto, tema, sentido – pede ao pensamento que o pense, mas determina igualmente a articulação subjetiva de seu aparecer: o ser determina seus fenômenos.

Tudo isso fixa um novo modo da concretude. Para a fenomenologia, essa concretude engloba e suporta as abstrações ingênuas da consciência cotidiana, mas também científica, absorvida pelo objeto, empedrada no objeto. Daí uma nova maneira de desenvolver os conceitos e de passar de um conceito ao outro – nova maneira que não se reduz a um processo empírico, nem à dedução analítica sintética ou dialética.

Entretanto, na análise fenomenológica dessa concretude do espírito, aparece em Husserl – conforme uma verdadeira tradição ocidental – um privilégio do teorético, um privilégio da representação, do saber; e, por conseguinte, do sentido ontológico do ser. E isto, apesar de todas as sugestões opostas que se pode igualmente tirar de sua obra: intencionalidade não teórica, teoria da *Lebenswelt* (do mundo da vida), o papel do corpo próprio e que Merleau-Ponty soube explorar. Aí – mas também nos acontecimentos que se desenrolaram de 1933 a 1945 e que o saber não soube nem evitar nem compreender – está a razão pela qual minha reflexão se desvia dos últimos posicionamentos da filosofia transcendental de Husserl ou, pelo menos, de suas formulações.

Eis os pontos que eu gostaria de assinalar, em primeiro lugar, para indicar em seguida as perspectivas que a afirmação da prioridade da *relação com outrem* me abre, tema que me ocupa há muitos anos e em que não se trata das estruturas do saber conformes à *intencionalidade* que Husserl faz intervir no estudo da intersubjetividade. Terminarei em uma noção de *sentido* que, a partir daí, se impõe ao pensamento de um modo radicalmente diferente.

Fenomenologia e Saber

É no psiquismo como saber – indo até a consciência de si – que a filosofia transmitida situa a origem ou o lugar natural do sentido e reconhece o espírito. Tudo o que advém no psiquismo humano, tudo o que aí se passa, não acaba por se saber? O secreto e o inconsciente, recalcados ou alterados, se mensuram ainda ou se curam pela consciência que perderam ou que os perdeu. Todo o vivido se diz legitimamente *experiência*. Ele se converte em "lições recebidas" que convergem em unidade do saber, quaisquer que sejam suas dimensões e suas modalidades: contemplação, vontade, afetividade; ou sensibilidade e entendimento; ou percepção externa, consciência de si e reflexão sobre si; ou tematização objetivante e familiaridade do que não se propõe; ou qualidades primárias, secundárias, sensações cinestésicas e cenestésicas. As relações com o próximo, o grupo social e Deus seriam ainda *experiências* coletivas e religiosas. Mesmo reduzido à indeterminação do *viver* e à formalidade do puro *existir*, do puro ser, o psiquismo *vive* isto ou aquilo, sobre o modo de *ver*, de prová-lo, como se *viver* e *ser* fossem verbos transitivos e *isto* e *aquilo*, complementos de objetos. É, sem dúvida, esse saber implícito que justifica o largo emprego que, nas *Meditações*, Descartes faz do termo *cogito*. E esse verbo na primeira pessoa bem diz a *unidade* do Eu (*Moi*) em que todo saber se basta.

Enquanto saber, o pensamento versa sobre o pensável; sobre o pensável denominado ser. Versando sobre o ser, ele está fora de si próprio, mas permanece maravilhosamente em si mesmo ou volta a si mesmo. A exterioridade ou a alteridade do si (*soi*) é retomada na imanência. O que o pensamento conhece ou o que em sua "experiência" ele aprende é tanto o *outro* como o *próprio* do pensamento. Só se aprende o que já se sabe e que se insere na interioridade do pensamento à guisa de lembrança evocável, representável. Reminiscências e imaginação garantem como a sincronia e a unidade do que, na experiência submetida ao tempo, se perde ou apenas está por vir.

Encontramos em Husserl um privilégio da presença, do presente e da representação.

A dia-cronia do tempo é quase sempre interpretada como uma privação da sincronia. O advir do porvir é compreendido a partir da protensão, como se a temporalização do futuro nada mais fosse do que uma espécie de um pegar em mãos, uma tentativa de recuperação, como se o advir do futuro nada mais fosse senão a entrada de um presente.

Tanto quanto aprender, o pensamento comporta um prender, uma captura, um *apresamento* daquilo que é aprendido e uma posse. O "captar" do aprender não é puramente metafórico. Mesmo antes do investimento técnico, ele já é esboço de uma prática encarnada já dominada, sobre a qual a gente já "pôs a mão" (*mainmise*). A presença se faz agora. Será que a lição mais abstrata dispensa todo domínio manual sobre as coisas do "mundo da vida", da famosa *Lebenswelt*? O ser que aparece ao eu (*moi*) do conhecimento não o instrui somente, mas *ipso facto* se *dá* a ele. A percepção já capta; e o *Begriff*[1] conserva essa significação

---

1. Conceito, em alemão. A palavra provém de "garra", *Griff,* daí a idéia de tomada, apreensão e domínio. (N. da E.)

da tomada de domínio. O "*dar-se*" – quaisquer que sejam os esforços que exige a distância "da taça aos lábios" – está na escala do pensamento pensante, promete-lhe, por meio de sua "transcendência", uma posse e uma fruição, uma satisfação. Como se o pensamento pensasse a sua medida devido ao fato de poder – encarnado – alcançar o que pensa. Pensamento e psiquismo da imanência: da suficiência em relação a si mesmo (*à soi*). É precisamente isto o fenômeno do mundo: o fato de que é garantido um acordo no captar entre o pensável e o pensante, que seu aparecer é também um *se dar*, que seu conhecimento é uma satisfação, como se ele preenchesse uma necessidade. É talvez isto que Husserl exprima quando afirma uma correlação – que é *a* correlação entre o pensamento e o mundo. Husserl descreve o saber teorético em suas formas mais acabadas – o saber objetivante e tematizante – como algo que preenche a medida da visada, a intencionalidade vazia se preenchendo.

A obra hegeliana, em que todas as correntes do espírito ocidental vêm desembocar e em que se manifestam todos seus níveis, é uma filosofia ao mesmo tempo do saber absoluto e do homem satisfeito. O psiquismo do saber teorético constitui um pensamento que pensa a sua medida e, em sua adequação ao pensável, se iguala a si próprio, será consciência de si. É o Mesmo que se reencontra no Outro.

A atividade do pensamento *tem razão* de toda alteridade e é nisto, no fim das contas, que reside sua própria racionalidade. A síntese e a ação sinóptica conceituais são mais fortes que a dispersão e a incompatibilidade daquilo que se dá como outro, como *antes* e como *depois*. Elas remetem à unidade do sujeito e da apercepção transcendental do *eu penso*. Hegel escreve (*Wissenschaft der Logik* II, Lasson [Ciência da Lógica] 221):

É às concepções mais profundas e mais vastas da *Crítica da Razão Pura* que pertence aquela que consiste em reconhecer a unidade que constitui a *essência do conceito* como unidade originariamente sintética da apercepção, comunhão do *eu penso* ou a consciência de si.

A unidade do *eu penso* é a forma última do espírito como saber, ainda que deva confundir-se com o ser que ele conhece e identificar-se ao sistema do conhecimento.

A unidade do *eu penso* é a forma última do espírito como saber. E a essa unidade do *eu penso* todas as coisas se resumem constituindo um sistema. O sistema do inteligível é, no fim das contas, uma consciência de si. Uma questão pode ser colocada aqui: um pensamento à medida do pensador não é um truísmo? A menos que isto signifique um pensamento incapaz de Deus.

Nós perguntamos: a intencionalidade é sempre – como Husserl e Brentano afirmam – fundada sobre uma re-presentação? Ou, a intencionalidade é o único modo da "doação de sentido"? O sentido é sempre correlativo a uma tematização e a uma representação? Resulta sempre da reunião de uma multiplicidade e de uma dispersão temporal? O pensamento é desde logo destinado à adequação e à verdade? Não é somente captura do dado em sua identidade ideal? O pensamento é por essência relação com aquilo que lhe é igual, quer dizer, essencialmente ateu?

A Má Consciência e o Inexorável

1. A partir da *intencionalidade*, a consciência deve ser entendida como modalidade do voluntário. A palavra intenção o sugere; e assim se justifica a denominação de atos conferida às unidades da consciência intencional. A estrutura intencional da consciência é, de outra parte, caracterizada pela representação. Ela estaria na base de toda consciência teorética ou não teorética. Essa tese de Brentano conserva sua validade para Husserl, apesar de todas as precisões que ele lhe terá trazido e todas as precauções com as quais ele a terá rodeado na noção de atos objetivantes. Consciência implica presença, posição-diante-de-

si, isto é, a "mundaneidade", o fato-de-ser-dado. Exposição à captura, à tomada, à com-preensão, à apropriação.

A consciência intencional não é ela empenho de captação (*emprise*) ativa na cena em que o ser dos sendos se desenrola, se agrupa e se manifesta? Consciência como próprio cenário do incessante esforço do *esse* tendo em vista o referido *esse* mesmo, exercício quase tautológico do *conatus* ao qual se reduz a significação formal desse verbo privilegiado que chamamos, sem pensar, como auxiliar.

Mas uma consciência dirigida no mundo e nos objetos, estruturada como intencionalidade, é também *indiretamente*, e como por acréscimo, consciência dela mesma: consciência do eu(*moi*)-ativo que se representa mundo e objetos, assim como consciência de seus próprios atos de representação, consciência da atividade mental. Consciência, no entanto, indireta, imediata, mas sem visada intencional, implícita e de puro acompanhamento. Não-intencional para distinguir da percepção interior àquela que ela estaria apta a se converter.

Esta aqui, consciência refletida, *toma por objetos* o eu (*moi*), seus estados e seus atos mentais. Consciência refletida em que a consciência dirigida para o mundo busca ajuda contra a inevitável ingenuidade de sua retidão intencional, esquecida do vivenciado indireto do não-intencional e de seus horizontes, esquecida do que a acompanha.

Somos levados, desde então – talvez depressa demais –, a considerar, em filosofia, esse vivido como saber ainda não explícito ou como representação ainda confusa que a reflexão conduzirá à plena luz. Contexto obscuro do mundo tematizado que a reflexão, consciência intencional, converterá em dados claros e distintos, como aqueles que representam o mundo percebido.

Não é proibido, no entanto, perguntar-se se, sob o olhar da consciência refletida, tomada por consciência de si, o não-intencional, vivido em contraponto ao intencional, conserva e transmite seu sentido verdadeiro. A crítica tradicionalmente exercida no lugar da introspecção sob o olhar escrutador, tematizante, objetivante, indiscreto da reflexão, sofreria uma modificação, e como que uma violação e um

141

desconhecimento de algum segredo. Crítica sempre refutada, crítica sempre renascente.

O que se passa portanto nesta consciência não reflexiva que é tomada somente como pré-reflexiva e que, implícita, acompanha a consciência intencional que visa na reflexão, intencionalmente, o si-mesmo, como se o eu-pensante aparecesse no mundo e a ele pertencesse? O que se passa nessa dissimulação original, nessa maneira inexprimível, nessa concentração do inexplícito em si mesmo? O que pode significar, de algum modo positivamente, essa pretensa confusão, essa implicação? Não haveria aí lugar para distinguir entre o *envolvimento* do particular em um conceito, o *sub-entendimento* do pressuposto em uma noção, a *potencialidade* do possível em um horizonte de uma parte e a *intimidade* do não-intencional na consciência pré-reflexiva?

2. O "saber" da consciência pré-reflexiva de si *saberá* ele propriamente falar? Consciência confusa, consciência implícita que precede toda intenção – ou desiludida de toda intenção –, ela não é ato, porém passividade pura. Não somente devido a seu ser-sem-ter-escolhido-ser ou devido à sua queda em uma mistura de possíveis já realizados antes de toda assunção, como na *Geworfenheit* heideggeriana. "Consciência" que, mais do que significar um saber de si, é um apagar-se ou uma obliteração da presença. Má consciência: sem intenções, sem visadas, sem a máscara protetora do personagem contemplando-se no espelho do mundo, tranqüilizando e colocando-se. Sem nome, sem situação, sem títulos. Presença que reduz a presença, desnudada de todos os atributos. Nudez, que não é aquela em que a descoberta é desvelada ou posta a descoberto. Em sua não-intencionalidade, aquém de todo valor, antes de toda falta, em sua identificação não-intencional, a identidade recua diante de sua afirmação, diante do que o retorno a si da identificação pode comportar de insistência. Má consciência ou timidez: sem culpabilidade

142

acusada e responsável de sua própria presença. Reserva do não-investido, do não-justificado, do "estrangeiro na terra" segundo a expressão do Salmista, do sem-pátria ou do sem-domicílio que não ousa entrar. A interioridade do mental é talvez originalmente isto. Não no mundo, mas em questão. Por referência a quê, em "lembrança" de quê, o eu (*moi*) que já se coloca e se afirma – ou se afirmou – no mundo e no ser permanece ambíguo o bastante – ou bastante enigmático – para se reconhecer, segundo as palavras de Pascal, odiável na própria manifestação de sua identidade enfática da ipseidade – na linguagem, no dizer-eu. A soberba prioridade do *A é A*, princípio de inteligibilidade e de significância, esta soberania, esta liberdade no eu (*moi*) humano, é também, se assim se pode dizer, o advento da humildade. É posta em questão entre a afirmação e a firmação do ser, que se encontra até na famosa – e fácil retórica – busca do "sentido da vida", como se o eu (*moi*) no-mundo que já tomou sentido a partir das finalidades vitais, psíquicas ou sociais, remontasse à sua má consciência.

A consciência pré-reflexiva, não intencional, não poderia ser descrita como tomada de consciência dessa passividade, como se, nela, já se distinguisse a reflexão de um sujeito, colocando-se como que no "nominativo indeclinável", certo de seu bom direito ao ser e "dominando" a timidez do não-intencional como uma infância do espírito a ultrapassar ou um acesso de fraqueza chegada a um psiquismo impassível. O não-intencional é passividade de pronto, o acusativo é seu primeiro "caso" de qualquer maneira. A bem da verdade, essa passividade, que não é o correlato de nenhuma ação, descreve menos a "má consciência" do não-intencional, que não se deixa descrever por ela. Má consciência que não é a finitude do existir significado na angústia. Minha morte, sempre prematura, põe em xeque o ser que, enquanto ser, persevera no ser, mas esse escândalo não abala a boa consciência do ser, nem a moral fundada sobre o direito inaliável do *conatus*. Na passividade do não-intencional – no modo mesmo de sua "espontaneidade" e antes de toda formulação de idéias "metafísicas" a esse respeito – põe-se em questão a própria justiça da posição no ser que se afirma com o pensamento intencional, saber e domínio do man-tendo (*main-tenant*)[2]: ser como má consciência; ser em questão, mas também diante da questão, ter de responder – nascimento da linguagem; ter de falar, ter de dizer eu (*je*), ser na primeira pessoa, ser eu (*moi*) precisamente; mas, por conseguinte, na afirmação de *Moi* (do eu), ter de responder pelo seu direito a sê-lo.

Aqui se revela o sentido profundo da palavra pascaliana: o eu (*moi*) é odioso.

3.   Ter de responder por seu direito de ser, não por referência à abstração de alguma lei anônima, de alguma entidade jurídica, mas no receio por outrem. Meu "no mundo" ou meu "lugar ao sol", meu eu em casa, não constituíram usurpação dos lugares que pertencem ao outro homem já por mim oprimido ou esfaimado? Citemos ainda Pascal: "É meu lugar ao sol, eis o começo e a imagem da usurpação de toda a terra". Receio por tudo o que meu existir, apesar de sua inocência intencional e consciente, pode realizar de violência e de morticínio. Receio que remonta, para trás, à minha "consciência de si" e a quaisquer que sejam, rumo à boa consciência, os retornos da pura perseverança no ser. Receio que me vem do rosto de outrem. Retitude extrema do rosto do próximo, rasgando as formas plásticas do fenômeno. Retitude de uma exposição à morte, sem defesa; e, antes de toda linguagem e antes de toda mímica, uma pergunta a mim endereçada do fundo de uma absoluta solidão; ou ordem significada, questionamento de minha presença e de minha responsabilidade.

---

2. *Main-tenant* se refere ao *agora* em português, mas, ao separar a palavra, o autor retoma o sentido etimológico do latim *manu tenendo*, gerúndio de *manu tenere*, ou seja, da prontidão, ter algo nas mãos. (N. da T.)

Receio e responsabilidade pela morte do outro homem, mesmo se o sentido último desta responsabilidade pela morte de outrem fosse responsabilidade ante o inexorável e, no extremo final, obrigação de não deixar o outro homem sozinho em face da morte. Mesmo se, em face da morte – em que a própria retitude do rosto que me pergunta revela enfim plenamente quer sua exposição sem defesa quer seu próprio fazer-face (*faire-face*) –, mesmo se, no extremo final, o não-deixar-sozinho-o-outro-homem consista apenas, nesta confrontação e neste afrontamento impotente, em responder "eis-me aqui" à pergunta que me interpela. Isto que é, sem dúvida, o segredo da socialidade e, em suas últimas gratuidade e vaidade, o amor ao próximo, amor sem concupiscência.

O receio por outrem, o receio pela morte do próximo, é meu receio, mas não é em nada receio *por* mim. Ele, este temor, se define assim na admirável análise fenomenológica que *Sein und Zeit* propõe a respeito da afetividade: estrutura refletida em que a emoção é sempre emoção *de* algo comovente, mas também emoção *por* si-mesmo, em que a emoção consiste em comover-se – em assustar-se, em deleitar-se, em entristecer-se etc. – dupla "intencionalidade" do *de* e do *por* participando da emoção por excelência: da angústia; ser-para-a-morte em que o ser finito fica comovido a partir *de* sua finitude *por* esta finitude mesma. O receio pelo outro homem não faz retornar a angústia por *minha* morte. Ele, o receio, desborda a ontologia do *Dasein* heideggeriano. Distúrbio ético do ser, para além de sua boa consciência de ser "em vista desse ser mesmo" cujo ser-para-a-morte marca o fim e o escândalo, mas em que ele não desperta escrúpulos.

No "natural" do ser-em-vista-deste-ser-mesmo, em relação a qual todas as coisas, como *Zuhandenes* (o estar à mão) – e mesmo o outro homem –, parecem tomar sentido, a natureza essencial se põe em questão. Guinada de retorno a partir do rosto de outrem em que, no próprio seio do fenômeno em sua luz, significa um *excedente,* um *suple-*

145

mento (*surplus*) de significância que se poderia designar como uma glória que me interpela e me ordena. Será que o que se chama de palavra de Deus não me vem na pergunta que me interpela e me reclama e, já antes de todo convite ao diálogo, dilacera a forma de generalidade sob a qual o indivíduo que se parece comigo me aparece e se mostra somente, para se fazer rosto do outro homem? Será que Deus não me vem, Ele, à idéia nessa interpelação mais do que em uma tematização qualquer de um pensável, mais do que em um não sei qual convite ao diálogo? Será que a interpelação não me faz entrar em um pensamento não-intencional do in-apreensível? Em relação a toda afetivida-de do ser-no-mundo – novidade de uma não-indiferença por mim do absolutamente diferente, outro, não represen-tável, não apreensível, isto é, o Infinito que me consigna – rasgando a representação sob a qual se manifestam os sendos do gênero humano – para me designar, no rosto de outrem, como sem esquiva possível, o único e o eleito. Chamado de Deus, ele não instaura entre mim e Ele, que me falou, uma *relação*; ele não instaura o que, a um título qualquer, seria uma conjunção – uma coexistência, uma sincronia, ainda que fosse ideal – entre termos. O Infini-to não poderia significar para um pensamento que vá a termo em que o a-Deus não é uma finalidade. É, talvez, essa irredutibilidade do a-Deus ou do temor de Deus ao escatológico pelo qual se interrompe, no humano, a cons-ciência que ia ao ser em sua perseverança ontológica ou à morte que ela toma por pensamento último, que significa, para além do ser, a palavra glória. A alternativa do ser e do nada não é a última. O a-Deus não é um processo do ser: no chamado, sou enviado ao outro homem por quem este chamado significa, ao próximo por quem tenho a temer.

Por trás da afirmação do ser que persiste analiticamen-te – ou animalmente – no seu ser e em que o vigor ideal da identidade que se identifica e se afirma e se afirmou na vida dos indivíduos humanos e na sua luta pela existência: vital, consciente e racional, a maravilha do eu (*moi*) reivindicado por Deus no rosto do próximo – a maravilha do eu (*moi*) desembaraçado de si e temendo Deus – é assim como a suspensão do eterno e irreversível retorno do idêntico a si mesmo e da intangibilidade de seu privilégio lógico e ontológico. Suspensão de sua prioridade ideal, negadora de toda alteridade, excluindo o terceiro. Suspensão da guerra e da política que se fazem passar pela relação do Mesmo com o Outro. Na deposição pelo eu (*moi*) de sua soberania de eu (*moi*), em sua modalidade de eu (*moi*) odiável, significa a ética, mas também provavelmente a própria espiritualidade da alma: o humano ou a interioridade humana é o retorno à inferioridade da consciência não-intencional, à má consciência, à sua possibilidade de temer a injustiça mais do que a morte, de preferir a injustiça sofrida à injustiça cometida e o que justifica o ser ante aquilo que o garante. Ser ou não ser, essa provavelmente não seja a questão por excelência.

6. HENRI NERSON*

O doutor Henri Nerson* faleceu após longa enfermidade, em Jerusalém, no dia 10 de maio de 1979.

Nasceu no dia 2 de novembro de 1902 em Estrasburgo, onde realizou todos seus estudos, que, ao longo dos anos, o levaram à chefia da clínica da faculdade de medicina.

Sua carreira de médico ginecologista deu-se em Estrasburgo e em Paris antes da guerra; na Zona Livre sob a Ocupação, onde praticava também a medicina geral, e dispensava sua ajuda aos refugiados dispersos, chegava a fazer cem quilômetros de bicicleta; no campo de Bergen-Belsen, logo após a Libertação entre os deportados; e, desde 1946, de novo em Paris, nunca sua atividade foi puramente profissional. Ele a exercia com a mais alta competência, com o escrúpulo mais exigente, mas, antes de tudo, como

---

*. Texto publicado no *Le Journal des communautés*, em maio de 1980. (N. do A.)

uma abordagem humana, com o rigor a respeito de si, a disponibilidade a serviço do próximo e a atenção extrema para com outrem.

Em todos os lugares, sua presença trazia reconforto. O brilho tranqüilo de suas certezas éticas e de suas altas virtudes jamais se manifestava como censura, nem como lição, mas se radiava como exemplo. Involuntária e soberana pedagogia, desdenhosa de muitas das infantilidades que, para espíritos menos vigorosos, parecem indispensáveis à educação. Como diretor da Escola Normal Israelita Oriental, fui disso testemunha e beneficiário durante mais de um quarto de século, até sua partida para Israel, cinco anos após o falecimento de sua nobre companhia. Ele vinha diariamente à escola de Auteuil participar dos serviços religiosos, das atividades intelectuais da casa, animar os cursos de *Talmud* e de exegese. Seu judaísmo rigorosamente fiel era perfeitamente livre, revelando-se como a liberdade e a razão mesmas. Muitas gerações de antigos alunos dessa velha instituição do AIU, espalhados pelos continentes, pensam com emoção e reconhecimento nesse homem sempre de pé, maravilhosamente desperto, de gestos discretos e sóbrios.

Ele constituiu um admirável exemplo bem-sucedido da raça humana. Nele, grandeza e simplicidade moral harmonizavam-se com uma vasta cultura, com a lucidez do julgamento e com a elevação espiritual. Que uma tal plenitude humana tenha podido nutrir-se de fontes tradicionais do judaísmo, irrigando as contribuições da ciência e as formas artísticas da Europa, que ele as tenha reivindicado como parte integrante da *Torá*, tudo isto não tinha sequer uma fórmula ideológica da "síntese" entre o judaísmo e o Ocidente, mas, em Henri Nerson, se fazia, em toda simplicidade, união pessoal, semblante de homem integralmente homem.

Que os mais altos valores do Ocidente devam ser reconhecidos como pertencentes de direito à *Torá*, essa foi uma sabedoria que Nerson devia a seu mestre, "M. Chouchani".

Não se poderia, com efeito, falar de Nerson sem mencionar aquilo que foi o acontecimento dominante e a grande alegria de sua vida: seu encontro e freqüentação longa, assim estabelecida, com um homem que foi um dos últimos gigantes do *Talmud*, provavelmente o maior desde há muito tempo, mas que sabia também ensinar, notadamente, a física nuclear e encontrar delícias na leitura dos tratados das matemáticas clássicas e modernas. Gênio estranho e errante! No ensino talmúdico que o doutor Nerson, por sua vez, dava outrora a seus amigos parisienses e dos quais beneficiavam também, mesmo durante sua enfermidade, seus amigos em Israel, o pensamento de "M. Chouchani", em sua audaciosa novidade, estava sempre presente. Aos olhos de Nerson – e isso foi uma confidência – toda a *inverossimilhança* da morte se concentrava no que, entretanto, era inevitável: a possibilidade de que o cérebro tal como o de "M. Chouchani" possa parar de pensar.

Em Estrasburgo, em Paris, em Jerusalém, em toda a parte onde ele terá vivido, onde ele terá passado, Henri Nerson deixa os homens e as mulheres que lhe dedicam respeito e admiração, que aprenderão com a dor de sua desaparição e a quem sua lembrança será uma bênção.

CRONOLOGIA

Quais datas reter? Quais fatos? Uma vida, uma obra, como se resume isto? Não há sempre, imediatamente contemporânea ao "acontecimento", uma zona nebulosa que nenhuma História retém? As emoções, os estados de alma, os pensamentos que não foram expressos: onde esta vida aí passa na cronologia de um homem célebre? Os projetos abandonados, os esboços, os textos reescritos dez vezes, no amargor de uma coincidência impossível entra a idéia e a letra; esse trabalho de escritura, nenhum livro o atesta, nenhum leitor o conhece. E as amizades, os encontros, os amores, as dores e as alegrias? Frustração de biógrafo, faltas da memória pública.

1906 – Nascimento de Emmanuel Lévinas em Kovno, na Lituânia, no dia 12 de janeiro. Estudo do hebraico desde cedo, e depois a escolaridade clássica. Lê a *Bíblia*, os autores russos, Dostoiévski em especial, que ele citará numerosas vezes em seus livros, e Shakespeare. Durante a guerra de 1914, Emmanuel Lévinas e sua família emigram para a Rússia, para Kharkov. É aí que a Revolução Russa é por eles vivida, com temor pelos pais e com uma certa curiosidade pelo jovem Emmanuel.

1923 – Parte para a França e inicia estudos filosóficos em Estrasburgo. Conhece Maurice Blanchot. Longa e profunda amizade.

1928-1929 – Ano universitário em Friburgo-Brisgau onde assiste aos cursos de Husserl e de Heidegger.

1930 – Publica sua tese de doutorado do curso de pós-graduação, *Teoria da Intuição na Fenomenologia de Husserl.*

1931-1932 – Participa dos encontros filosóficos organizados por Gabriel Marcel. Encontra-se aí ao lado de numerosas personalidades, entre as quais Sartre e Maritain.

1933 – ... Hitler.

1936 – Publica "Da Evasão" na *Recherches philosophiques.*

1939 – Emmanuel Lévinas, que se naturalizara francês em 1930, é mobilizado.

1940 – Feito prisioneiro, passará toda a guerra em um campo de cativeiro alemão, "protegido" pelo uniforme de soldado francês. A quase totalidade de sua família, que permanecera na Lituânia, é massacrada pelos nazistas.

1947 – Publicação de *Da Existência ao Existente*, iniciado no cativeiro. Pronuncia quatro conferências sobre "o tempo e o outro" no colégio filosófico fundado e conduzido por Jean Wahl. É nomeado diretor da Escola Normal Israelita Oriental, encarregada de formar os professores de francês para as escolas da Aliança Israelita Universal da bacia mediterrânea, onde Lévinas havia trabalhado antes da guerra. Conhece M. Chouchani, "mestre prestigioso – e implacável – de exegese e de *Talmud*", *Difícil Liberdade*.

1957 – Primeira conferência sobre os textos talmúdicos no Colóquio dos intelectuais judeus da França.

1961 – Publica sua tese de doutorado em letras, *Totalidade e Infinito,* pela editora Martinus Nijihoff, em Haye. É nomeado professor na Universidade de Poitiers.

1963 – *Difícil Liberdade*, coletânea de ensaios sobre o judaísmo.

1967 – Nomeado professor na Universidade de Nanterre.

1974 – Publicação de *Outramente que Ser ou Além da Essência*, sem dúvida sua principal obra, em que "as análises remetem não à *experiência* em que sempre um sujeito tematiza o que o iguala, mas à *transcendência* em que ele responde por aquilo que suas intenções não mediram", *Difícil Liberdade*.

1976 – Aposenta-se pela Universidade de Paris-iv-Sorbonne, para a qual fora nomeado em 1973.

1982 – Publica *De Deus que Vem à Idéia*.

1984 – Publica *Transcendência e Inteligibilidade*.

1987 – Publica *Hors sujet*, nova coletânea de artigos. Além disso, Emmanuel Lévinas prossegue uma atividade de conferencista no exterior e na França. Dá também, todos os sábados pela manhã, uma preleção sobre a passagem bíblica lida nas sinagogas nesse dia.

1991 – Um volumoso *Cahier de l'Herne* consagrado a Lévinas aparece, com textos inéditos do filósofo, que publica, neste mesmo ano, *Entre Nós – Ensaios sobre o Pensar no Outro.*

1995 – Emmanuel Lévinas publica *Nouvelles lectures talmudiques* (Novas Leituras Talmúdicas).

24 de dezembro de 1995 – Falecimento de Emmanuel Lévinas.

BIBLIOGRAFIA

Livros

Théorie de l'intuition dans la phénoménologie de Husserl. Paris: Alcan, 1930; reimpr. Paris: Vrin, 1963.

De l'évasion. Recherches philosophiques. v. V, 1935-1936; reed. introduzida e anotada por Jacques Roland, Montpellier: Fata Morgana, 1982.

Le Temps et l'Autre. In: *Le Choix, le monde, l'existence*. Cahiers du Collège philosophique, Paris: Arthaud, 1947; reimpr. Montpellier: Fata Morgana, 1979; republicado na coleção "Quadrige", PUF, 1982.

De l'existence à l'existant. Paris: Ed. da revista Fontaine, 1947; reimpr. Paris: Vrin, 1977.

En découvrant l'existence avec Husserl et Heidegger. Paris: Vrin, 1949; 2ª edição aumentada, Paris: Vrin, 1967.

Totalité et Infini – Essai sur l'extériorité. La Haye: Martinus Nijihoff, 1961. Republicado na Biblio-Essais, Le Livre de poche, 1990.

Difficile Liberte – Essais sur le judaïsme. Paris: Albin Michel, 1963; 2ª edição refeita e completada, 1976; republicado na Biblio-Essais, Le Livre de poche, 1984.

Quatre lectures talmudiques. Paris: Ed. de Minuit, 1968.

Humanisme de l'autre homme. Montpellier: Fata Morgana, 1972; republicado na Biblio-Essais, Le Livre de poche, 1987.

Autrement qu'être ou au-delà de l'essence. La Haye: Martinus Nijihoff, 1974. Republicado na Biblio-Essais, Le Livre de poche, 1991.

Noms propres. Montpellier: Fata Morgana, 1976; republicado na Biblio-Essais, Le Livre de poche, 1987.

Sur Maurice Blanchot. Montpellier: Fata Morgana, 1976.

Du sacré au saint – Cinq nouvelles lectures talmudiques. Paris: Ed. de Minuit, 1977.

L'Au-delà du verset – Lectures et discours talmudiques. Paris: Ed. de Minuit, 1982.

De Dieu qui vient à l'idée. Paris: Vrin, 1982.

Ethique et Infini. Paris: Fayard, 1982; republicado na Biblio-Essais, Le Livre de poche, 1984.

Transcendance et intelligibilité. Genève: Labor et Fides, 1984.

Hors sujet. Montpellier: Fata Morgana, 1987.

A l'heure des nations. Paris: Ed. de Minuit, 1988.

Entre nous – Essais sur le penser-à-l'autre. Paris: Grasset, 1991.

Nouvelles lectures talmudiques. Paris: Ed. de Minuit, 1995.

Traduções

HUSSERL, Edmond. *Méditations cartésiennes.* Tradução em colaboração com Mlle G. Peiffer. Paris: Vrin, 1931. (Republicado em 1969)

Artigos (Lista Seletiva)

Sur les *Ideen* de M. E. Husserl. *Revue philosophique de la France et de l'étranger,* p. 230-265, março-abril 1929.

L'actualité de Maimonide. *Paix et Droit,* n. 4, p. 6-7, 1935.

L'inspiration religieuse de l'Alliance. *Paix et Droit,* n. 8, p. 4, 1935.

De l'évasion. *Recherches philosophiques,* p. 373-392, 1935-1936.

Une histoire de l'Ecole normale israélite orientale. *Paix et Droit,* n. 3, p. 10-12, 1936.

Lettre à Jean Wahl. *Bulletin de la Societé française de philosophie,* p. 194-195, 1937.

L'essence spirituelle de l'antisémitisme d'après Jacques Maritain. *Paix et Droit,* n. 5, p. 3-4, 1938.

Tout est-il vanité? *Les Cahiers de l'Alliance israélite universelle,* n. 9, p. 1-2, julho de 1946.

Etre juif. *Confluences,* n. 15/17, p. 253-264.

Existentialisme et antisémitisme. *Les Cahiers de l'Alliance israélite universelle,* n.14/15, p. 2-3, junho-julho de 1947.

[Intervenção]. In: WAHL, Jean. *Petite Histoire de l'existentialisme.* Paris: Éditions Club Maintenant, 1947, p. 81-89. Reed. In: WAHL, Jean.

Esquisse pour une histoire de l'existentialisme. Paris: L'Arche, 1949, p. 90-100.

La réalité et son ombre. *Les Temps modernes*, n. 38, p. 771-789, novembro de 1948.

La transcendance des mots. *Les Temps modernes*, n. 44, p. 1090-1095, junho de 1949.

Quand les mots reviennent de l'exil. *Les Cahiers de l'Alliance israélite universelle*, n. 32, p. 4, 1949.

L'ontologie est-elle fondamentale? *Revue de métaphysique et de morale*, p. 88-98, janeiro-março de 1951.

Eternité à domicile. *Evidences*, n. 28, p. 35-36, novembro de 1952.

Liberté et commandement. *Revue de métaphysique et de morale*, p. 264-272, julho-setembro de 1953.

Le moi et la totalité. *Revue de métaphysique et de morale*, p. 353-373, outubro-dezembro de 1954.

Noé Gottlieb. *Les Cahiers de l'Alliance israélite universelle*, n. 82, p. 1-3, abril de 1954.

Le rôle de l'Ecole normale israélite orientale. *Les Cahiers de l'Alliance israélite universelle*, n. 91, p. 32-35, junho-julho de 1955.

La Diáspora est-elle une condition nécessaire de la survie du judaïsme? Texto de Arnold Toynbée, anotado e comentado por E. Lévinas. *L'Arche*, n. 30, p. 30-33 e 60, junho de 1959.

Le Permanent et l'Humain chez Husserl. *L'Age Nouveau*, n. 110, p. 51-56, 1960.

L'heure de la rédemption. *Journal des communautés*, n. 251, p. 4, 9 de dezembro de 1960.

Laïcité et pensée d'Israël. *La Laïcité*. Université d'Aix-Marseille, Centre de sciences politiques de l'Institut d'études juridiques de Nice, n. 6, Paris: Presses universitaires de France, 1960, p. 45-48.

La laïcité dans l'Etat d'Israël. Idem, p. 549-562.

L'Ecole normale israélite orientale. *Les Droits de l'homme et l'éducation*. Actes du congrès du centenaire [de l'Alliance israélite universelle]. Paris: Presses universitaires de France, 1961, p. 71-73.

Transcendance et Hauteur. *Bulletin de la Société française de philosophie*, n. 3, p. 89-113, 1962.

Enseignement juif et culture contemporaine. *L'Arche*, n. 65, p. 22-25, 1962.

Franz Rosenzweig, une pensée juive moderne. *Revue de théologie et de philosophie*, n. 4, p. 208-221, 1964.

Judaïsme et altruisme. *De l'identité juive à la communauté*. Paris, Congresso judeu mundial, seção francesa, s.d., p. 11-15.

De Shylock à Swann. *Les Nouveaux Cahiers*, n. 6, p. 47-48, junho-agosto de 1966.

Par-delà de dialogue. *Journal des communautés*, n. 389, p. 1-3, 10 de março de 1967.

Un Dieu homme? *Qui est Jésus-Christ?* Semana dos intelectuais católicos. Paris: Centre Catholique des intellectuels français, Desclée de Brouwer, 1968, p. 186-192.

La pensée de Martin Buber et le judaïsme contemporain. *Martin Buber, l'homme et le philosophe* (ed. pelo Centre national des hautes études juives). Bruxelas: Ed. de l'Institut de sociologie de l'Université libre de Bruxelles, 1968, p. 43-58.

La renaissance culturelle juive en Europe occidentale. *Le Renouveau de la culture juive* (ed. pelo Centre national des hautes études juives). Bruxelas: Ed. de l'Institut de sociologie de l'Université libre de Bruxelles, 1968, p. 21-34.

Infini. *Encyclopaedia universalis*, v. VIII, Paris, 1968, p. 991-994.

Totalité. *Encyclopaedia universalis*, v. XVI, Paris, 1968, p. 192-194.

Le nom de Dieu d'après quelques textes talmudiques. *Archivio di filosofia*, n. 2, p. 155-167, 1969.

Séparation des biens. *L'Arche*, n. 162-163, p. 100-101, setembro de 1970.

L'Etat de César et l'Etat de David. *Archivio di filosofia*, n. 2, p. 71-80, 1971.

Prefácio em: GERAETS, Théodore F.. *Vers une nouvelle philosophie transcendantale, la genèse de la philosophie de Maurice Merleau-Ponty jusqu'à la "Phénoménologie de la perception"*. La Haye: M. Nijihoff, 1971, p. 9-15.

Vérité comme dévoilement et vérité comme témoignage. *Archivio di filosofia*, n. 1/2, p. 101-110, 1972.

Evolution et fidélité. *Les Cahiers de l'Alliance israélite universelle*, n. 182, p. 25-30, dezembro de 1972. (Número especial do centenário da Escola Normal Israelita Oriental).

La mort du père Van Breda. *Les Etudes philosophiques*, p. 285-287, abril-junho de 1972.

Idéologie et idéalisme. *Archivio di filosofia*, n. 2/3, p. 135-145, 1973.

De la conscience à la veille, à partir de Husserl. *Bijdragen*, n. 3/4, p. 235-249, 1974.

Leçon talmudique. In: *Consistoire central israélite*. Paris: Le Consistoire, 1974 (não comerciável), p. 57-67.

Dieu et la philosophie. *Le Nouveau Commerce*, n. 30/31, p. 97-128, 1975.

Trois notes sur la positivité et la transcendance. In: *Mélanges André Neber*. Paris: Librairie d'Amérique et d'Orient, Adrien Maisonneuve, 1975, p. 21-27.

Sur la mort dans la pensée de Bloch. In: *Utopie-Marxisme selon Ernst Bloch*. Paris: Payot, 1976, p. 318-326.

Sécularisation et faim. *Archivio di filosofia*, n. 2/3, p. 101-109, 1976.

Jean Wahl sans avoir ni être. In: *Jean Wahl et Gabriel Marcel* (por E. Lévinas, X. Tilliette, P. Ricoeur…). Paris, Beauchesne, 1976, p. 13-31.

Philosophie et positivité In: *Savoir, faire, espérer, les limites de la raison*. Bruxelas: Facultés universitaires Saint-Louis, 1976, tomo I, p. 193-206.

De la déficience sans souci au sens nouveau. *Concilium*, n. 113, p. 85-93, 1976.

[Exposição sobre a solidão do Kipur] *La Solitude d'Israël*. XVº colóquio dos intelectuais judeus de língua francesa. Paris: Presses universitaires de France, 1976, p. 9-11.

Questions et réponses. *Le Nouveau Commerce*, n. 36/37, p. 61-86, 1977.

La révélation dans la tradition juive. In: *La Révélation* (por E. Lévinas, P. Ricoeur, E. Haulotte…). Bruxelas: Facultés universitaires Saint-Louis, 1977, p. 55-77.

Herméneutique et au-delà. *Archivio di filosofia*, p. 11-20, 1977.

La philosophie et l'éveil. *Les Etudes philosophiques*, n. 2, p. 307-317, 1977.

La lettre ouverte. *Rencontres*, chrétiens et juifs, n. 51, p. 118-120, 1977.

Modèle de la permanence (leçon talmudique). In: *Le Modèle de l'Occident*, XVIIº colóquio dos intelectuais judeus de língua francesa. Paris: Presses universitaires de France, 1977, p. 199-215.

Prefácio em BUBER, Martin. *Utopie et Socialisme*. Paris, Aubier-Montaigne, 1977, p. 7-11.

La pensée de l'être et la question de l'autre. *Critique*, n. 369, p. 187-197, fevereiro de 1978.

Transcendance et mal. *Le Nouveau Commerce*, n. 41, p. 55-75, 1978.

Un nouvel esprit de coexistence. *Les Nouveaux Cahiers*, n. 54, p. 40-42, outono de 1978.

Les villes refuges (leçon talmudique). In: *Jerusalém, l'unique et l'universel*, XIXº colóquio dos intelectuais judeus de língua francesa. Paris: Presses universitaires de France, 1979, p. 35-48.

Lettre à *Terriers* (a propósito de Paul Celan). *Terriers*, n. 6, p. 11-12, fevereiro de 1979.

Politique après! *Les Temps modernes*, n. 398, p. 521-528, setembro de 1979.

De la lecture juive des Ecritures. *Lumière et Vie*, n. 144, p. 5-23, agosto-outubro de 1979.

Sobre Emmanuel Lévinas

Essa lista não visa à exaustividade e pretende somente indicar algumas orientações críticas.

BLANCHOT, Maurice. Tenir parole. In: *La Nouvelle Revue française*, 1962; republicado em *L'Entretien infini*. Paris: Gallimard, 1969.

_____. Connaissance de l'inconnu. In: *La Nouvelle Revue française*, 1961; republicado em *L'Entretien Infini*. Paris: Gallimard, 1969.

_____. Le rapport du troisième genre – Homme sans horizon. In: *L'Entretien Infini*. Paris: Gallimard, 1969.

_____. Discours sur la patience (en marge des livres d'Emmanuel Lévinas). *Le Nouveau Commerce*, primavera de 1975.

CHALIER, Catherine. *Figures du féminin – Lecture d'Emmanuel Lévinas*. Paris: La Nuit surveillée, 1982.

DERRIDA, Jacques. Violence et métaphysique. *Revue de métaphysique et de morale*, 1964; republicado em *L'Ecriture et la Différence*. Paris: Le Seuil, 1967.

FORTHOMME, Bernard. *Une philosophie de la transcendance: la métaphysique d'Emmanuel Lévinas*. Paris: Vrin, 1984.

MALKA, Salomon. *Lire Lévinas*. Paris: Le Cerf, 1984.

PETROSINO, Silvano; ROLLAND, Jacques. *La Vérité nômade – Introduction à Emmanuel Lévinas*. Paris: La Découverte, 1984.

Coletâneas Dedicadas a Emmanuel Lévinas

Exercices de la patience, n. 1, Paris: Osidiane, 1980.

Textes pour Emmanuel Lévinas, editados por François Laruelle. Paris: J.-M. Place, 1980 (com notáveis textos de M. Blanchot, J. Derrida, M. Dufrenne, E. Jabès, J.-F. Lyotard, P. Ricoeur), *Nouveaux Carriers*, n. 82, outono de 1985.

Cahier de l'Herne, dirigido por Catherine Chalier e Miguel Abensour. Paris: Ed. de L'Herne, 1991.

Les Cahiers de la nuit surveillé, n. 3, textos reunidos por J. Rolland, Lagrasse, Verdier, 1984.

FRANÇOIS POIRIÉ

Nascido em 1962, é escritor, filósofo, crítico literário. Professor da Sorbonne (Paris I) e colaborador de vários jornais e revistas, trabalha há vinte anos na France Culture, uma rádio dedicada exclusivamente à cultura, ao conhecimento e à criação. Publicou *La passade légendaire* (1983), *Ils dansent* (1990), *L'Aigle de Raphaël* (1995), *Clara n'aime plus la mer* (1996) e *Rire le cœur* (1996).

FILOSOFIA NA PERSPECTIVA

O Socialismo Utópico
Martin Buber (D031)

Filosofia em Nova Chave
Susanne K. Langer (D033)

Sartre
Gerd A. Bornheim (D036)

O Visível e o Invisível
M. Merleau-Ponty (D040)

A Escritura e a Diferença
Jacques Derrida (D049)

Linguagem e Mito
Ernst Cassirer (D050)

Mito e Realidade
Mircea Eliade (D052)

A Linguagem do Espaço e do Tempo
Hugh M. Lacey (D059)

Estética e Filosofia
Mikel Dufrenne (D069)

Fenomenologia e Estruturalismo
Andrea Bonomi (D089)

A Cabala e seu Simbolismo
Gershom Scholem (D128)

Do Diálogo e do Dialógico
Martin Buber (D158)

Visão Filosófica do Mundo
Max Scheler (D191)

Conhecimento, Linguagem, Ideologia
Marcelo Dascal (org.) (D213)

Notas para uma Definição de Cultura
T. S. Eliot (D215)

Dewey: Filosofia e Experiência Democrática
Maria Nazaré de C. Pacheco Amaral (D229)

Romantismo e Messianismo
Michel Löwy (D234)

Correspondência
Walter Benjamin e Gershom Scholem (D249)

Isaiah Berlin: Com Toda a Liberdade
Ramin Jahanbegloo (D263)

Existência em Decisão
Ricardo Timm de Souza (D276)

Metafísica e Finitude
Gerd A. Bornheim (D280)

O Caldeirão de Medéia
Roberto Romano (D283)

George Steiner: À Luz de Si Mesmo
Ramin Jahanbegloo (D291)

Um Ofício Perigoso
Luciano Canfora (D292)

O Desafio do Islã e Outros Desafios
Roberto Romano (D294)

Adeus a Emmanuel Lévinas
Jacques Derrida (D296)

Platão: Uma Poética para a Filosofia
Paulo Butti de Lima (D297)

Ética e Cultura
Danilo Santos de Miranda (D299)

Emmanuel Lévinas : ensaios e entrevistas
François Poirié

Homo Ludens
Joan Huizinga (E004)

Gramatologia
Jacques Derrida (E016)

Filosofia da Nova Música
T. W. Adorno (E026)

Filosofia do Estilo
Gilles Geston Granger (E029)

Lógica do Sentido
Gilles Deleuze (E035)

O Lugar de Todos os Lugares
Evaldo Coutinho (E055)

História da Loucura
Michel Foucault (E061)

Teoria Crítica I
Max Horkheimer (E077)

A Artisticidade do Ser
Evaldo Coutinho (E097)

Dilthey: Um Conceito de Vida e uma Pedagogia
Maria Nazaré de C. Pacheco Amaral (E102)

Tempo e Religião
Walter I. Rehfeld (E106)

Kósmos Noetós
Ivo Assad Ibri (E130)

História e Narração em Walter Benjamin
Jeanne Marie Gagnebin (E142)

Cabala: Novas Perspectivas
Moshe Idel (E154)

O Tempo Não-Reconciliado
Peter Pál Pelbart (E160)

Jesus
David Flusser (E176)

Avicena: A Viagem da Alma
Rosalie Helena de S. Pereira (E179)

Nas Sendas do Judaísmo
Walter I. Rehfeld (E198)

Cabala e Contra-História:
Gershom Scholem
David Biale (E202)

Nietzsche e a Justiça
Eduardo Rezende Melo (E205)

Ética contra Estética
Amelia Valcárcel (E210)

O Umbral da Sombra
Nuccio Ordine (E218)

Ensaios sobre a Liberdade
Celso Lafer (EL038)

O Schabat
Abraham J. Heschel (EL049)

O Homem no Universo
Frithjof Schuon (EL050)

Quatro Leituras Talmúdicas
Emmanuel Levinas (EL051)

Yossel Rakover Dirige-se a Deus
Zvi Kolitz (EL052)

Sobre a Construção do Sentido
Ricardo Timm de Souza (EL053)

A Paz Perpétua
J. Guinsburg (org.) (EL055)

O Segredo Guardado
Ili Gorlizki (EL058)

A Filosofia do Judaísmo
Julius Guttmann (PERS)

O Islã Clássico: Itinerários de uma
Cultura
Rosalie H. de S. Pereira (PERS)

O Brasil Filosófico
Ricardo Timm de Souza (K022)

Diderot: Obras I – Filosofia e Política
J. Guinsburg (org.) (T012, v. I)

Diderot: Obras II – Estética, Poética
e Contos
J. Guinsburg (org.) (T012, v. II)

Diderot: Obras III – O Sobrinho
de Rameau
J. Guinsburg (org.) (T012, v. III)

Diderot: Obras IV – Jacques,
o Fatalista, e Seu Amo
J. Guinsburg (org.) (T012, v. IV)

República de Platão
J. Guinsburg (org.) (T019)

Impresso em outubro de 2007, em São Paulo,
nas oficinas da Editora e Gráfica Vida & Consciência,
para a Editora Perspectiva s.a.